INDONESISCH

WOORDENSCHAT

THEMATISCHE WOORDENLIJST

NEDERLANDS
INDONESISCH

De meest bruikbare woorden
Om uw woordenschat uit te breiden en
uw taalvaardigheid aan te scherpen

3000 woorden

Thematische woordenschat Nederlands-Indonesisch - 3000 woorden

Door Andrey Taranov

Woordenlijsten van T&P Books zijn bedoeld om u woorden van een vreemde taal te helpen leren, onthouden, en bestudering. Dit woordenboek is ingedeeld in thema's en behandelt alle belangrijk terreinen van het dagelijkse leven, bedrijven, wetenschap, cultuur, etc.

Het proces van het leren van woorden met behulp van de op thema's gebaseerde aanpak van T&P Books biedt u de volgende voordelen:

- Correct gegroepeerde informatie is bepalend voor succes bij opeenvolgende stadia van het leren van woorden
- De beschikbaarheid van woorden die van dezelfde stam zijn maakt het mogelijk om woordgroepen te onthouden (in plaats van losse woorden)
- Kleine groepen van woorden faciliteren het proces van het aanmaken van associatieve verbindingen, die nodig zijn bij het consolideren van de woordenschat
- Het niveau van talenkennis kan worden ingeschat door het aantal geleerde woorden

T&P Books Publishing
www.tpbooks.com

ISBN: 978-1-78616-494-0

Dit boek is ook beschikbaar in e-boek formaat.
Gelieve www.tpbooks.com te bezoeken of de belangrijkste online boekwinkels.

INDONESISCHE WOORDENSCHAT
nieuwe woorden leren

T&P Books woordenlijsten zijn bedoeld om u te helpen vreemde woorden te leren, te onthouden, en te bestuderen. De woordenschat bevat meer dan 3000 veel gebruikte woorden die thematisch geordend zijn.

- De woordenlijst bevat de meest gebruikte woorden
- Aanbevolen als aanvulling bij welke taalcursus dan ook
- Voldoet aan de behoeften van de beginnende en gevorderde student in vreemde talen
- Geschikt voor dagelijks gebruik, bestudering en zelftestactiviteiten
- Maakt het mogelijk om uw woordenschat te evalueren

Bijzondere kenmerken van de woordenschat

- De woorden zijn gerangschikt naar hun betekenis, niet volgens alfabet
- De woorden worden weergegeven in drie kolommen om bestudering en zelftesten te vergemakkelijken
- Woorden in groepen worden verdeeld in kleine blokken om het leerproces te vergemakkelijken
- De woordenschat biedt een handige en eenvoudige beschrijving van elk buitenlands woord

De woordenschat bevat 101 onderwerpen zoals:

Basisconcepten, getallen, kleuren, maanden, seizoenen, meeteenheden, kleding en accessoires, eten & voeding, restaurant, familieleden, verwanten, karakter, gevoelens, emoties, ziekten, stad, dorp, bezienswaardigheden, winkelen, geld, huis, thuis, kantoor, werken op kantoor, import & export, marketing, werk zoeken, sport, onderwijs, computer, internet, gereedschap, natuur, landen, nationaliteiten en meer ...

INHOUDSOPGAVE

UITSPRAAKGIDS

Letter	Indonesisch voorbeeld	T&P fonetisch alfabet	Nederlands voorbeeld
Aa	zaman	[a]	acht
Bb	besar	[b]	hebben
Cc	kecil, cepat	[tʃ]	Tsjechië, cello
Dd	dugaan	[d]	Dank u, honderd
Ee	segera, mencium	[e], [ə]	zeven, zesde
Ff	berfungsi	[f]	feestdag, informeren
Gg	juga, lagi	[g]	goal, tango
Hh	hanya, bahwa	[h]	het, herhalen
Ii	izin, sebagai ganti	[i], [j]	bidden, januari
Jj	setuju, ijin	[dʒ]	jeans, gin
Kk	kemudian, tidak	[k], [ˈ]	kennen, glottisslag
Ll	dilarang	[l]	delen, luchter
Mm	melihat	[m]	morgen, etmaal
Nn	berenang	[n], [ŋ]	nemen, optelling
Oo	toko roti	[o:]	rood, knoop
Pp	peribahasa	[p]	parallel, koper
Qq	Aquarius	[k]	kennen, kleur
Rr	ratu, riang	[r]	trillende [r]
Ss	sendok, syarat	[s], [ʃ]	spreken, shampoo
Tt	tamu, adat	[t]	tomaat, taart
Uu	ambulans	[u]	hoed, doe
Vv	renovasi	[v]	beloven, schrijven
Ww	pariwisata	[w]	twee, willen
Xx	boxer	[ks]	links, maximaal
Yy	banyak, syarat	[j]	New York, januari
Zz	zamrud	[z]	zeven, zesde

Lettercombinaties

aa	maaf	[aˀa]	a+glottisslag
kh	khawatir	[h]	het, herhalen
th	Gereja Lutheran	[t]	tomaat, taart
-k	tidak	[ˈ]	glottisslag

AFKORTINGEN
gebruikt in de woordenschat

Nederlandse afkortingen

abn	-	als bijvoeglijk naamwoord
bijv.	-	bijvoorbeeld
bn	-	bijvoeglijk naamwoord
bw	-	bijwoord
enk.	-	enkelvoud
enz.	-	enzovoort
form.	-	formele taal
inform.	-	informele taal
mann.	-	mannelijk
mil.	-	militair
mv.	-	meervoud
on.ww.	-	onovergankelijk werkwoord
ontelb.	-	ontelbaar
ov.	-	over
ov.ww.	-	overgankelijk werkwoord
telb.	-	telbaar
vn	-	voornaamwoord
vrouw.	-	vrouwelijk
vw	-	voegwoord
vz	-	voorzetsel
wisk.	-	wiskunde
ww	-	werkwoord

Nederlandse artikelen

de	-	gemeenschappelijk geslacht
de/het	-	gemeenschappelijk geslacht, onzijdig
het	-	onzijdig

BASISBEGRIPPEN

1. Voornaamwoorden

ik	saya, aku	[saja], [aku]
jij, je	engkau, kamu	[eŋkau], [kamu]
hij, zij, het	beliau, dia, ia	[beliau], [dia], [ia]
wij, we	kami, kita	[kami], [kita]
jullie	kalian	[kalian]
U (form., enk.)	Anda	[anda]
U (form., mv.)	Anda sekalian	[anda sekalian]
zij, ze	mereka	[mereka]

2. Begroetingen. Begroetingen

Hallo! Dag!	Halo!	[halo!]
Hallo!	Halo!	[halo!]
Goedemorgen!	Selamat pagi!	[slamat pagi!]
Goedemiddag!	Selamat siang!	[slamat siaŋ!]
Goedenavond!	Selamat sore!	[slamat sore!]
gedag zeggen (groeten)	menyapa	[mənjapa]
Hoi!	Hai!	[hey!]
groeten (het)	sambutan, salam	[sambutan], [salam]
verwelkomen (ww)	menyambut	[mənjambut]
Hoe gaat het?	Apa kabar?	[apa kabar?]
Is er nog nieuws?	Apa yang baru?	[apa yaŋ baru?]
Tot ziens! (form.)	Selamat tinggal!	[slamat tiŋgal!],
	Selamat jalan!	[slamat dʒ'alan!]
Doei!	Dadah!	[dadah!]
Tot snel! Tot ziens!	Sampai bertemu lagi!	[sampaj bərtemu lagi!]
Vaarwel! (inform.)	Sampai jumpa!	[sampaj dʒ'umpa!]
Vaarwel! (form.)	Selamat tinggal!	[slamat tiŋgal!]
afscheid nemen (ww)	berpamitan	[bərpamitan]
Tot kijk!	Sampai nanti!	[sampaj nanti!]
Dank u!	Terima kasih!	[tərima kasih!]
Dank u wel!	Terima kasih banyak!	[tərima kasih banja'!]
Graag gedaan	Kembali! Sama-sama!	[kembali!], [sama-sama!]
Geen dank!	Kembali!	[kembali!]
Geen moeite.	Kembali!	[kembali!]
Excuseer me, ...	Maaf, ...	[ma'af, ...]
excuseren (verontschuldigen)	memaafkan	[mema'afkan]
zich verontschuldigen	meminta maaf	[meminta ma'af]
Mijn excuses.	Maafkan saya	[ma'afkan saja]

Het spijt me!	Maaf!	[ma'af!]
vergeven (ww)	memaafkan	[mema'afkan]
Maakt niet uit!	Tidak apa-apa!	[tida' apa-apa!]
alsjeblieft	tolong	[toloŋ]

Vergeet het niet!	Jangan lupa!	[dʒ'aŋan lupa!]
Natuurlijk!	Tentu!	[tentu!]
Natuurlijk niet!	Tentu tidak!	[tentu tida'!]
Akkoord!	Baiklah! Baik!	[bajklah!], [baj'!]
Zo is het genoeg!	Cukuplah!	[tʃukuplah!]

3. Vragen

Wie?	Siapa?	[siapa?]
Wat?	Apa?	[apa?]
Waar?	Di mana?	[di mana?]
Waarheen?	Ke mana?	[ke mana?]
Waar ... vandaan?	Dari mana?	[dari mana?]
Wanneer?	Kapan?	[kapan?]
Waarom?	Mengapa?	[məŋapa?]
Waarom?	Mengapa?	[məŋapa?]

Waarvoor dan ook?	Untuk apa?	[untu' apa?]
Hoe?	Bagaimana?	[bagajmana?]
Wat voor ...?	Apa? Yang mana?	[apa?], [yaŋ mana?]
Welk?	Yang mana?	[yaŋ mana?]

Aan wie?	Kepada siapa? Untuk siapa?	[kepada siapa?], [untu' siapa?]
Over wie?	Tentang siapa?	[tentaŋ siapa?]
Waarover?	Tentang apa?	[tentaŋ apa?]
Met wie?	Dengan siapa?	[deŋan siapa?]

| Hoeveel? | Berapa? | [bərapa?] |
| Van wie? | Milik siapa? | [mili' siapa?] |

4. Voorzetsels

met (bijv. ~ beleg)	dengan	[deŋan]
zonder (~ accent)	tanpa	[tanpa]
naar (in de richting van)	ke	[ke]
over (praten ~)	tentang ...	[tentaŋ ...]
voor (in tijd)	sebelum	[sebelum]
voor (aan de voorkant)	di depan ...	[di depan ...]

onder (lager dan)	di bawah	[di bawah]
boven (hoger dan)	di atas	[di atas]
op (bovenop)	di atas	[di atas]
van (uit, afkomstig van)	dari	[dari]
van (gemaakt van)	dari	[dari]
over (bijv. ~ een uur)	dalam	[dalam]
over (over de bovenkant)	melalui	[melalui]

5. Functiewoorden. Bijwoorden. Deel 1

Waar?	Di mana?	[di mana?]
hier (bw)	di sini	[di sini]
daar (bw)	di sana	[di sana]
ergens (bw)	di suatu tempat	[di suatu tempat]
nergens (bw)	tak ada di mana pun	[ta' ada di mana pun]
bij ... (in de buurt)	dekat	[dekat]
bij het raam	dekat jendela	[dekat dʒˈendela]
Waarheen?	Ke mana?	[ke mana?]
hierheen (bw)	ke sini	[ke sini]
daarheen (bw)	ke sana	[ke sana]
hiervandaan (bw)	dari sini	[dari sini]
daarvandaan (bw)	dari sana	[dari sana]
dichtbij (bw)	dekat	[dekat]
ver (bw)	jauh	[dʒˈauh]
in de buurt (van ...)	dekat	[dekat]
vlakbij (bw)	dekat	[dekat]
niet ver (bw)	tidak jauh	[tida' dʒˈauh]
linker (bn)	kiri	[kiri]
links (bw)	di kiri	[di kiri]
linksaf, naar links (bw)	ke kiri	[ke kiri]
rechter (bn)	kanan	[kanan]
rechts (bw)	di kanan	[di kanan]
rechtsaf, naar rechts (bw)	ke kanan	[ke kanan]
vooraan (bw)	di depan	[di depan]
voorste (bn)	depan	[depan]
vooruit (bw)	ke depan	[ke depan]
achter (bw)	di belakang	[di belakaŋ]
van achteren (bw)	dari belakang	[dari belakaŋ]
achteruit (naar achteren)	mundur	[mundur]
midden (het)	tengah	[teŋah]
in het midden (bw)	di tengah	[di teŋah]
opzij (bw)	di sisi, di samping	[di sisi], [di sampiŋ]
overal (bw)	di mana-mana	[di mana-mana]
omheen (bw)	di sekitar	[di sekitar]
binnenuit (bw)	dari dalam	[dari dalam]
naar ergens (bw)	ke suatu tempat	[ke suatu tempat]
rechtdoor (bw)	terus	[terus]
terug (bijv. ~ komen)	kembali	[kembali]
ergens vandaan (bw)	dari mana pun	[dari mana pun]
ergens vandaan (en dit geld moet ~ komen)	dari suatu tempat	[dari suatu tempat]

ten eerste (bw)	pertama	[pərtama]
ten tweede (bw)	kedua	[kedua]
ten derde (bw)	ketiga	[ketiga]

plotseling (bw)	tiba-tiba	[tiba-tiba]
in het begin (bw)	mula-mula	[mula-mula]
voor de eerste keer (bw)	untuk pertama kalinya	[untu' pərtama kalinja]
lang voor ... (bw)	jauh sebelum ...	[dʒ'auh sebelum ...]
opnieuw (bw)	kembali	[kembali]
voor eeuwig (bw)	untuk selama-lamanya	[untu' selama-lamanja]

nooit (bw)	tidak pernah	[tida' pərnah]
weer (bw)	lagi, kembali	[lagi], [kembali]
nu (bw)	sekarang	[sekaraŋ]
vaak (bw)	sering, seringkali	[seriŋ], [seriŋkali]
toen (bw)	ketika itu	[ketika itu]
urgent (bw)	segera	[segera]
meestal (bw)	biasanya	[biasanja]

trouwens, ... (tussen haakjes)	ngomong-ngomong ...	[ŋomoŋ-ŋomoŋ ...]
mogelijk (bw)	mungkin	[muŋkin]
waarschijnlijk (bw)	mungkin	[muŋkin]
misschien (bw)	mungkin	[muŋkin]
trouwens (bw)	selain itu ...	[selajn itu ...]
daarom ...	karena itu ...	[karena itu ...]
in weerwil van ...	meskipun ...	[meskipun ...]
dankzij ...	berkat ...	[berkat ...]

wat (vn)	apa	[apa]
dat (vw)	bahwa	[bahwa]
iets (vn)	sesuatu	[sesuatu]
iets	sesuatu	[sesuatu]
niets (vn)	tidak sesuatu pun	[tida' sesuatu pun]

wie (~ is daar?)	siapa	[siapa]
iemand (een onbekende)	seseorang	[seseoraŋ]
iemand (een bepaald persoon)	seseorang	[seseoraŋ]

niemand (vn)	tidak seorang pun	[tida' seoraŋ pun]
nergens (bw)	tidak ke mana pun	[tida' ke mana pun]
niemands (bn)	tidak milik siapa pun	[tida' mili' siapa pun]
iemands (bn)	milik seseorang	[mili' seseoraŋ]

zo (Ik ben ~ blij)	sangat	[saŋat]
ook (evenals)	juga	[dʒ'uga]
alsook (eveneens)	juga	[dʒ'uga]

6. Functiewoorden. Bijwoorden. Deel 2

Waarom?	Mengapa?	[mənapa?]
om een bepaalde reden	entah mengapa	[entah mənapa]
omdat ...	karena ..,	[karena ...]

voor een bepaald doel	untuk tujuan tertentu	[untu' tudʒ'uan tertentu]
en (vw)	dan	[dan]
of (vw)	atau	[atau]
maar (vw)	tetapi, namun	[tetapi], [namun]
voor (vz)	untuk	[untu']
te (~ veel mensen)	terlalu	[terlalu]
alleen (bw)	hanya	[hanja]
precies (bw)	tepat	[tepat]
ongeveer (~ 10 kg)	sekitar	[sekitar]
omstreeks (bw)	kira-kira	[kira-kira]
bij benadering (bn)	kira-kira	[kira-kira]
bijna (bw)	hampir	[hampir]
rest (de)	selebihnya, sisanya	[selebihnja], [sisanja]
de andere (tweede)	kedua	[kedua]
ander (bn)	lain	[lain]
elk (bn)	setiap	[setiap]
om het even welk	sebarang	[sebaraŋ]
veel (grote hoeveelheid)	banyak	[banja']
veel mensen	banyak orang	[banja' oraŋ]
iedereen (alle personen)	semua	[semua]
in ruil voor ...	sebagai ganti ...	[sebagaj ganti ...]
in ruil (bw)	sebagai gantinya	[sebagaj gantinja]
met de hand (bw)	dengan tangan	[deŋan taŋan]
onwaarschijnlijk (bw)	hampir tidak	[hampir tida']
waarschijnlijk (bw)	mungkin	[muŋkin]
met opzet (bw)	sengaja	[seŋadʒ'a]
toevallig (bw)	tidak sengaja	[tida' seŋadʒ'a]
zeer (bw)	sangat	[saŋat]
bijvoorbeeld (bw)	misalnya	[misalnja]
tussen (~ twee steden)	antara	[antara]
tussen (te midden van)	di antara	[di antara]
zoveel (bw)	banyak sekali	[banja' sekali]
vooral (bw)	terutama	[terutama]

GETALLEN. DIVERSEN

7. Kardinale getallen. Deel 1

nul	nol	[nol]
een	satu	[satu]
twee	dua	[dua]
drie	tiga	[tiga]
vier	empat	[empat]
vijf	lima	[lima]
zes	enam	[enam]
zeven	tujuh	[tudʒɯh]
acht	delapan	[delapan]
negen	sembilan	[sembilan]
tien	sepuluh	[sepuluh]
elf	sebelas	[sebelas]
twaalf	dua belas	[dua belas]
dertien	tiga belas	[tiga belas]
veertien	empat belas	[empat belas]
vijftien	lima belas	[lima belas]
zestien	enam belas	[enam belas]
zeventien	tujuh belas	[tudʒɯh belas]
achttien	delapan belas	[delapan belas]
negentien	sembilan belas	[sembilan belas]
twintig	dua puluh	[dua puluh]
eenentwintig	dua puluh satu	[dua puluh satu]
tweeëntwintig	dua puluh dua	[dua puluh dua]
drieëntwintig	dua puluh tiga	[dua puluh tiga]
dertig	tiga puluh	[tiga puluh]
eenendertig	tiga puluh satu	[tiga puluh satu]
tweeëndertig	tiga puluh dua	[tiga puluh dua]
drieëndertig	tiga puluh tiga	[tiga puluh tiga]
veertig	empat puluh	[empat puluh]
eenenveertig	empat puluh satu	[empat puluh satu]
tweeënveertig	empat puluh dua	[empat puluh dua]
drieënveertig	empat puluh tiga	[empat puluh tiga]
vijftig	lima puluh	[lima puluh]
eenenvijftig	lima puluh satu	[lima puluh satu]
tweeënvijftig	lima puluh dua	[lima puluh dua]
drieënvijftig	lima puluh tiga	[lima puluh tiga]
zestig	enam puluh	[enam puluh]
eenenzestig	enam puluh satu	[enam puluh satu]

tweeënzestig	enam puluh dua	[enam puluh dua]
drieënzestig	enam puluh tiga	[enam puluh tiga]
zeventig	tujuh puluh	[tudʒ¦uh puluh]
eenenzeventig	tujuh puluh satu	[tudʒ¦uh puluh satu]
tweeënzeventig	tujuh puluh dua	[tudʒ¦uh puluh dua]
drieënzeventig	tujuh puluh tiga	[tudʒ¦uh puluh tiga]
tachtig	delapan puluh	[delapan puluh]
eenentachtig	delapan puluh satu	[delapan puluh satu]
tweeëntachtig	delapan puluh dua	[delapan puluh dua]
drieëntachtig	delapan puluh tiga	[delapan puluh tiga]
negentig	sembilan puluh	[sembilan puluh]
eenennegentig	sembulan puluh satu	[sembulan puluh satu]
tweeënnegentig	sembilan puluh dua	[sembilan puluh dua]
drieënnegentig	sembilan puluh tiga	[sembilan puluh tiga]

8. Kardinale getallen. Deel 2

honderd	seratus	[seratus]
tweehonderd	dua ratus	[dua ratus]
driehonderd	tiga ratus	[tiga ratus]
vierhonderd	empat ratus	[empat ratus]
vijfhonderd	lima ratus	[lima ratus]
zeshonderd	enam ratus	[enam ratus]
zevenhonderd	tujuh ratus	[tudʒ¦uh ratus]
achthonderd	delapan ratus	[delapan ratus]
negenhonderd	sembilan ratus	[sembilan ratus]
duizend	seribu	[seribu]
tweeduizend	dua ribu	[dua ribu]
drieduizend	tiga ribu	[tiga ribu]
tienduizend	sepuluh ribu	[sepuluh ribu]
honderdduizend	seratus ribu	[seratus ribu]
miljoen (het)	juta	[dʒ¦uta]
miljard (het)	miliar	[miliar]

9. Ordinale getallen

eerste (bn)	pertama	[pərtama]
tweede (bn)	kedua	[kedua]
derde (bn)	ketiga	[ketiga]
vierde (bn)	keempat	[keempat]
vijfde (bn)	kelima	[kelima]
zesde (bn)	keenam	[keenam]
zevende (bn)	ketujuh	[ketudʒ¦uh]
achtste (bn)	kedelapan	[kedelapan]
negende (bn)	kesembilan	[kesembilan]
tiende (bn)	kesepuluh	[kesepuluh]

KLEUREN. MEETEENHEDEN

10. Kleuren

kleur (de)	warna	[warna]
tint (de)	nuansa	[nuansa]
kleurnuance (de)	warna	[warna]
regenboog (de)	pelangi	[pelaŋi]
wit (bn)	putih	[putih]
zwart (bn)	hitam	[hitam]
grijs (bn)	kelabu	[kelabu]
groen (bn)	hijau	[hiʤiau]
geel (bn)	kuning	[kuniŋ]
rood (bn)	merah	[merah]
blauw (bn)	biru	[biru]
lichtblauw (bn)	biru muda	[biru muda]
roze (bn)	pink	[pinʔ]
oranje (bn)	oranye, jingga	[oranje], [ʤiŋga]
violet (bn)	violet, ungu muda	[violet], [uŋu muda]
bruin (bn)	cokelat	[ʧokelat]
goud (bn)	keemasan	[keemasan]
zilverkleurig (bn)	keperakan	[keperakan]
beige (bn)	abu-abu kecokelatan	[abu-abu keʧokelatan]
roomkleurig (bn)	krem	[krem]
turkoois (bn)	pirus	[pirus]
kersrood (bn)	merah tua	[merah tua]
lila (bn)	ungu	[uŋu]
karmijnrood (bn)	merah lembayung	[merah lembajuŋ]
licht (bn)	terang	[teraŋ]
donker (bn)	gelap	[gelap]
fel (bn)	terang	[teraŋ]
kleur-, kleurig (bn)	berwarna	[berwarna]
kleuren- (abn)	warna	[warna]
zwart-wit (bn)	hitam-putih	[hitam-putih]
eenkleurig (bn)	polos, satu warna	[polos], [satu warna]
veelkleurig (bn)	berwarna-warni	[berwarna-warni]

11. Meeteenheden

gewicht (het)	berat	[berat]
lengte (de)	panjang	[panʤiaŋ]

breedte (de)	lebar	[lebar]
hoogte (de)	ketinggian	[ketiŋgian]
diepte (de)	kedalaman	[kedalaman]
volume (het)	volume, isi	[volume], [isi]
oppervlakte (de)	luas	[luas]
gram (het)	gram	[gram]
milligram (het)	miligram	[miligram]
kilogram (het)	kilogram	[kilogram]
ton (duizend kilo)	ton	[ton]
pond (het)	pon	[pon]
ons (het)	ons	[ons]
meter (de)	meter	[meter]
millimeter (de)	milimeter	[milimeter]
centimeter (de)	sentimeter	[sentimeter]
kilometer (de)	kilometer	[kilometer]
mijl (de)	mil	[mil]
duim (de)	inci	[intʃi]
voet (de)	kaki	[kaki]
yard (de)	yard	[yard]
vierkante meter (de)	meter persegi	[meter pərsegi]
hectare (de)	hektar	[hektar]
liter (de)	liter	[liter]
graad (de)	derajat	[deradʒiat]
volt (de)	volt	[volt]
ampère (de)	ampere	[ampere]
paardenkracht (de)	tenaga kuda	[tenaga kuda]
hoeveelheid (de)	kuantitas	[kuantitas]
een beetje ...	sedikit ...	[sedikit ...]
helft (de)	setengah	[setəŋah]
dozijn (het)	lusin	[lusin]
stuk (het)	buah	[buah]
afmeting (de)	ukuran	[ukuran]
schaal (bijv. ~ van 1 op 50)	skala	[skala]
minimaal (bn)	minimal	[minimal]
minste (bn)	terkecil	[tərketʃil]
medium (bn)	sedang	[sedaŋ]
maximaal (bn)	maksimal	[maksimal]
grootste (bn)	terbesar	[tərbesar]

12. Containers

glazen pot (de)	gelas	[gelas]
blik (conserven~)	kaleng	[kaleŋ]
emmer (de)	ember	[ember]
ton (bijv. regenton)	tong	[toŋ]
ronde waterbak (de)	baskom	[baskom]

tank (bijv. watertank-70-ltr)	**tangki**	[taŋki]
heupfles (de)	**pelples**	[pelples]
jerrycan (de)	**jeriken**	[dʒʲeriken]
tank (bijv. ketelwagen)	**tangki**	[taŋki]
beker (de)	**mangkuk**	[maŋkuʔ]
kopje (het)	**cangkir**	[tʃaŋkir]
schoteltje (het)	**alas cangkir**	[alas tʃaŋkir]
glas (het)	**gelas**	[gelas]
wijnglas (het)	**gelas anggur**	[gelas aŋgur]
steelpan (de)	**panci**	[pantʃi]
fles (de)	**botol**	[botol]
flessenhals (de)	**leher**	[leher]
karaf (de)	**karaf**	[karaf]
kruik (de)	**kendi**	[kendi]
vat (het)	**wadah**	[wadah]
pot (de)	**pot**	[pot]
vaas (de)	**vas**	[vas]
flacon (de)	**botol**	[botol]
flesje (het)	**botol kecil**	[botol ketʃil]
tube (bijv. ~ tandpasta)	**tabung**	[tabuŋ]
zak (bijv. ~ aardappelen)	**karung**	[karuŋ]
tasje (het)	**kantong**	[kantoŋ]
pakje (~ sigaretten, enz.)	**bungkus**	[buŋkus]
doos (de)	**kotak, kardus**	[kotak], [kardus]
kist (de)	**kotak**	[kotaʔ]
mand (de)	**bakul**	[bakul]

BELANGRIJKSTE WERKWOORDEN

13. De belangrijkste werkwoorden. Deel 1

aanbevelen (ww)	merekomendasi	[merekomendasi]
aandringen (ww)	mendesak	[məndesaʔ]
aankomen (per auto, enz.)	datang	[dataŋ]
aanraken (ww)	menyentuh	[mənjentuh]
adviseren (ww)	menasihati	[mənasihati]
afdalen (on.ww.)	turun	[turun]
afslaan (naar rechts ~)	membelok	[membeloʔ]
antwoorden (ww)	menjawab	[məndʒ'awab]
bang zijn (ww)	takut	[takut]
bedreigen (bijv. met een pistool)	mengancam	[məŋantʃam]
bedriegen (ww)	menipu	[mənipu]
beëindigen (ww)	mengakhiri	[məŋahiri]
beginnen (ww)	memulai, membuka	[memulaj], [membuka]
begrijpen (ww)	mengerti	[məŋerti]
beheren (managen)	memimpin	[memimpin]
beledigen (met scheldwoorden)	menghina	[məŋhina]
beloven (ww)	berjanji	[berdʒ'andʒi]
bereiden (koken)	memasak	[memasaʔ]
bespreken (spreken over)	membicarakan	[membitʃarakan]
bestellen (eten ~)	memesan	[memesan]
bestraffen (een stout kind ~)	menghukum	[məŋhukum]
betalen (ww)	membayar	[membajar]
betekenen (beduiden)	berarti	[berarti]
betreuren (ww)	menyesal	[mənjesal]
bevallen (prettig vinden)	suka	[suka]
bevelen (mil.)	memerintahkan	[memerintahkan]
bevrijden (stad, enz.)	membebaskan	[membebaskan]
bewaren (ww)	menyimpan	[mənjimpan]
bezitten (ww)	memiliki	[memiliki]
bidden (praten met God)	bersembahyang, berdoa	[bersembahjaŋ], [berdoa]
binnengaan (een kamer ~)	masuk, memasuki	[masuk], [memasuki]
breken (ww)	memecahkan	[memetʃahkan]
controleren (ww)	mengontrol	[məŋontrol]
creëren (ww)	menciptakan	[məntʃiptakan]
deelnemen (ww)	turut serta	[turut serta]
denken (ww)	berpikir	[berpikir]
doden (ww)	membunuh	[membunuh]

| doen (ww) | membuat | [membuat] |
| dorst hebben (ww) | haus | [haus] |

14. De belangrijkste werkwoorden. Deel 2

een hint geven	memberi petunjuk	[memberi petundʒiuʔ]
eisen (met klem vragen)	menuntut	[mənuntut]
excuseren (vergeven)	memaafkan	[memaʔafkan]
existeren (bestaan)	ada	[ada]
gaan (te voet)	berjalan	[bərdʒialan]

gaan zitten (ww)	duduk	[duduʔ]
gaan zwemmen	berenang	[bərenaŋ]
geven (ww)	memberi	[memberi]
glimlachen (ww)	tersenyum	[tərsenyum]
goed raden (ww)	menerka	[mənerka]

grappen maken (ww)	bergurau	[bərgurau]
graven (ww)	menggali	[məŋgali]
hebben (ww)	mempunyai	[mempunjaj]
helpen (ww)	membantu	[membantu]
herhalen (opnieuw zeggen)	mengulangi	[mənulaŋi]
honger hebben (ww)	lapar	[lapar]

hopen (ww)	berharap	[bərharap]
horen (waarnemen met het oor)	mendengar	[məndeŋar]
huilen (wenen)	menangis	[mənaŋis]
huren (huis, kamer)	menyewa	[mənjewa]
informeren (informatie geven)	menginformasikan	[mənjinformasikan]
instemmen (akkoord gaan)	setuju	[setudʒiu]
jagen (ww)	berburu	[bərburu]
kennen (kennis hebben van iemand)	kenal	[kenal]
kiezen (ww)	memilih	[memilih]
klagen (ww)	mengeluh	[məŋeluh]

kosten (ww)	berharga	[bərharga]
kunnen (ww)	bisa	[bisa]
lachen (ww)	tertawa	[tərtawa]
laten vallen (ww)	tercecer	[tərtʃetʃer]
lezen (ww)	membaca	[membatʃa]

liefhebben (ww)	mencintai	[məntʃintaj]
lunchen (ww)	makan siang	[makan siaŋ]
nemen (ww)	mengambil	[mənambil]
nodig zijn (ww)	dibutuhkan	[dibutuhkan]

15. De belangrijkste werkwoorden. Deel 3

| onderschatten (ww) | meremehkan | [meremehkan] |
| ondertekenen (ww) | menandatangani | [mənandataŋani] |

ontbijten (ww)	sarapan	[sarapan]
openen (ww)	membuka	[membuka]
ophouden (ww)	menghentikan	[məŋhentikan]
opmerken (zien)	memperhatikan	[memperhatikan]

opscheppen (ww)	membual	[membual]
opschrijven (ww)	mencatat	[mənʧatat]
plannen (ww)	merencanakan	[merenʧanakan]
prefereren (verkiezen)	lebih suka	[lebih suka]
proberen (trachten)	mencoba	[mənʧoba]
redden (ww)	menyelamatkan	[mənjelamatkan]

rekenen op ...	mengharapkan ...	[mənharapkan ...]
rennen (ww)	lari	[lari]
reserveren	memesan	[memesan]
(een hotelkamer ~)		
roepen (om hulp)	memanggil	[memaŋgil]
schieten (ww)	menembak	[mənembaʔ]
schreeuwen (ww)	berteriak	[bərteriaʔ]

schrijven (ww)	menulis	[mənulis]
souperen (ww)	makan malam	[makan malam]
spelen (kinderen)	bermain	[bərmajn]
spreken (ww)	berbicara	[bərbiʧara]
stelen (ww)	mencuri	[mənʧuri]
stoppen (pauzeren)	berhenti	[bərhenti]

studeren (Nederlands ~)	mempelajari	[mempeladʒʲari]
sturen (zenden)	mengirim	[məŋirim]
tellen (optellen)	menghitung	[məŋhituŋ]
toebehoren ...	kepunyaan ...	[kepunja'an ...]
toestaan (ww)	mengizinkan	[məŋizinkan]
tonen (ww)	menunjukkan	[mənundʒʲuʔkan]

twijfelen (onzeker zijn)	ragu-ragu	[ragu-ragu]
uitgaan (ww)	keluar	[keluar]
uitnodigen (ww)	mengundang	[məŋundaŋ]
uitspreken (ww)	melafalkan	[melafalkan]
uitvaren tegen (ww)	memarahi, menegur	[memarahi], [menegur]

16. De belangrijkste werkwoorden. Deel 4

vallen (ww)	jatuh	[dʒʲatuh]
vangen (ww)	menangkap	[mənaŋkap]
veranderen (anders maken)	mengubah	[məŋubah]
verbaasd zijn (ww)	heran	[heran]
verbergen (ww)	menyembunyikan	[mənjembunjikan]

verdedigen (je land ~)	membela	[membela]
verenigen (ww)	menyatukan	[mənjatukan]
vergelijken (ww)	membandingkan	[membandiŋkan]
vergeten (ww)	melupakan	[melupakan]
vergeven (ww)	memaafkan	[mema'afkan]
verklaren (uitleggen)	menjelaskan	[mendʒʲelaskan]

verkopen (per stuk ~)	menjual	[mənʤual]
vermelden (praten over)	menyebut	[mənjebut]
versieren (decoreren)	menghiasi	[məŋhiasi]
vertalen (ww)	menerjemahkan	[mənerʤemahkan]
vertrouwen (ww)	mempercayai	[mempertʃajaj]
vervolgen (ww)	meneruskan	[məneruskan]
verwarren (met elkaar ~)	bingung membedakan	[biŋuŋ membedakan]
verzoeken (ww)	meminta	[meminta]
verzuimen (school, enz.)	absen	[absen]
vinden (ww)	menemukan	[mənemukan]
vliegen (ww)	terbang	[tərbaŋ]
volgen (ww)	mengikuti ...	[məŋikuti ...]
voorstellen (ww)	mengusulkan	[məŋusulkan]
voorzien (verwachten)	menduga	[mənduga]
vragen (ww)	bertanya	[bərtanja]
waarnemen (ww)	mengamati	[məŋamati]
waarschuwen (ww)	memperingatkan	[memperiŋatkan]
wachten (ww)	menunggu	[mənuŋgu]
weerspreken (ww)	keberatan	[keberatan]
weigeren (ww)	menolak	[mənolaʔ]
werken (ww)	bekerja	[bekerʤa]
weten (ww)	tahu	[tahu]
willen (verlangen)	mau, ingin	[mau], [iŋin]
zeggen (ww)	berkata	[bərkata]
zich haasten (ww)	tergesa-gesa	[tərgesa-gesa]
zich interesseren voor ...	menaruh minat pada ...	[mənaruh minat pada ...]
zich vergissen (ww)	salah	[salah]
zich verontschuldigen	meminta maaf	[meminta maʔaf]
zien (ww)	melihat	[melihat]
zijn (leraar ~)	ialah, adalah	[ialah], [adalah]
zijn (op dieet ~)	sedang	[sedaŋ]
zoeken (ww)	mencari ...	[məntʃari ...]
zwemmen (ww)	berenang	[bərenaŋ]
zwijgen (ww)	diam	[diam]

TIJD. KALENDER

17. Dagen van de week

maandag (de)	Hari Senin	[hari senin]
dinsdag (de)	Hari Selasa	[hari selasa]
woensdag (de)	Hari Rabu	[hari rabu]
donderdag (de)	Hari Kamis	[hari kamis]
vrijdag (de)	Hari Jumat	[hari dʒumat]
zaterdag (de)	Hari Sabtu	[hari sabtu]
zondag (de)	Hari Minggu	[hari miŋgu]
vandaag (bw)	hari ini	[hari ini]
morgen (bw)	besok	[beso']
overmorgen (bw)	besok lusa	[beso' lusa]
gisteren (bw)	kemarin	[kemarin]
eergisteren (bw)	kemarin dulu	[kemarin dulu]
dag (de)	hari	[hari]
werkdag (de)	hari kerja	[hari kerdʒa]
feestdag (de)	hari libur	[hari libur]
verlofdag (de)	hari libur	[hari libur]
weekend (het)	akhir pekan	[ahir pekan]
de hele dag (bw)	seharian	[seharian]
de volgende dag (bw)	hari berikutnya	[hari berikutnja]
twee dagen geleden	dua hari lalu	[dua hari lalu]
aan de vooravond (bw)	hari sebelumnya	[hari sebelumnja]
dag-, dagelijks (bn)	harian	[harian]
elke dag (bw)	tiap hari	[tiap hari]
week (de)	minggu	[miŋgu]
vorige week (bw)	minggu lalu	[miŋgu lalu]
volgende week (bw)	minggu berikutnya	[miŋgu berikutnja]
wekelijks (bn)	mingguan	[miŋguan]
elke week (bw)	tiap minggu	[tiap miŋgu]
twee keer per week	dua kali seminggu	[dua kali semiŋgu]
elke dinsdag	tiap Hari Selasa	[tiap hari selasa]

18. Uren. Dag en nacht

morgen (de)	pagi	[pagi]
's morgens (bw)	pada pagi hari	[pada pagi hari]
middag (de)	tengah hari	[teŋah hari]
's middags (bw)	pada sore hari	[pada sore hari]
avond (de)	sore, malam	[sore], [malam]
's avonds (bw)	waktu sore	[waktu sore]

nacht (de)	malam	[malam]
's nachts (bw)	pada malam hari	[pada malam hari]
middernacht (de)	tengah malam	[teŋah malam]

seconde (de)	detik	[deti']
minuut (de)	menit	[menit]
uur (het)	jam	[dʒam]
halfuur (het)	setengah jam	[seteŋah dʒam]
kwartier (het)	seperempat jam	[seperempat dʒam]
vijftien minuten	lima belas menit	[lima belas menit]
etmaal (het)	siang-malam	[siaŋ-malam]

zonsopgang (de)	matahari terbit	[matahari tərbit]
dageraad (de)	subuh	[subuh]
vroege morgen (de)	dini pagi	[dini pagi]
zonsondergang (de)	matahari terbenam	[matahari tərbenam]

's morgens vroeg (bw)	pagi-pagi	[pagi-pagi]
vanmorgen (bw)	pagi ini	[pagi ini]
morgenochtend (bw)	besok pagi	[beso' pagi]

vanmiddag (bw)	sore ini	[sore ini]
's middags (bw)	pada sore hari	[pada sore hari]
morgenmiddag (bw)	besok sore	[beso' sore]

vanavond (bw)	sore ini	[sore ini]
morgenavond (bw)	besok malam	[beso' malam]

klokslag drie uur	pukul 3 tepat	[pukul tiga tepat]
ongeveer vier uur	sekitar pukul 4	[sekitar pukul empat]
tegen twaalf uur	pada pukul 12	[pada pukul belas]

over twintig minuten	dalam 20 menit	[dalam dua puluh menit]
over een uur	dalam satu jam	[dalam satu dʒam]
op tijd (bw)	tepat waktu	[tepat waktu]

kwart voor …	… kurang seperempat	[… kuraŋ seperempat]
binnen een uur	selama sejam	[selama sedʒam]
elk kwartier	tiap 15 menit	[tiap lima belas menit]
de klok rond	siang-malam	[siaŋ-malam]

19. Maanden. Seizoenen

januari (de)	Januari	[dʒanuari]
februari (de)	Februari	[februari]
maart (de)	Maret	[maret]
april (de)	April	[april]
mei (de)	Mei	[mei]
juni (de)	Juni	[dʒuni]

juli (de)	Juli	[dʒuli]
augustus (de)	Augustus	[augustus]
september (de)	September	[september]
oktober (de)	Oktober	[oktober]

november (de)	November	[november]
december (de)	Desember	[desember]
lente (de)	musim semi	[musim semi]
in de lente (bw)	pada musim semi	[pada musim semi]
lente- (abn)	musim semi	[musim semi]
zomer (de)	musim panas	[musim panas]
in de zomer (bw)	pada musim panas	[pada musim panas]
zomer-, zomers (bn)	musim panas	[musim panas]
herfst (de)	musim gugur	[musim gugur]
in de herfst (bw)	pada musim gugur	[pada musim gugur]
herfst- (abn)	musim gugur	[musim gugur]
winter (de)	musim dingin	[musim diŋin]
in de winter (bw)	pada musim dingin	[pada musim diŋin]
winter- (abn)	musim dingin	[musim diŋin]
maand (de)	bulan	[bulan]
deze maand (bw)	bulan ini	[bulan ini]
volgende maand (bw)	bulan depan	[bulan depan]
vorige maand (bw)	bulan lalu	[bulan lalu]
een maand geleden (bw)	sebulan lalu	[sebulan lalu]
over een maand (bw)	dalam satu bulan	[dalam satu bulan]
over twee maanden (bw)	dalam 2 bulan	[dalam dua bulan]
de hele maand (bw)	sepanjang bulan	[sepandʒ'aŋ bulan]
een volle maand (bw)	sebulan penuh	[sebulan penuh]
maand-, maandelijks (bn)	bulanan	[bulanan]
maandelijks (bw)	tiap bulan	[tiap bulan]
elke maand (bw)	tiap bulan	[tiap bulan]
twee keer per maand	dua kali sebulan	[dua kali sebulan]
jaar (het)	tahun	[tahun]
dit jaar (bw)	tahun ini	[tahun ini]
volgend jaar (bw)	tahun depan	[tahun depan]
vorig jaar (bw)	tahun lalu	[tahun lalu]
een jaar geleden (bw)	setahun lalu	[setahun lalu]
over een jaar	dalam satu tahun	[dalam satu tahun]
over twee jaar	dalam 2 tahun	[dalam dua tahun]
het hele jaar	sepanjang tahun	[sepandʒ'aŋ tahun]
een vol jaar	setahun penuh	[setahun penuh]
elk jaar	tiap tahun	[tiap tahun]
jaar-, jaarlijks (bn)	tahunan	[tahunan]
jaarlijks (bw)	tiap tahun	[tiap tahun]
4 keer per jaar	empat kali setahun	[empat kali setahun]
datum (de)	tanggal	[taŋgal]
datum (de)	tanggal	[taŋgal]
kalender (de)	kalender	[kalender]
een half jaar	setengah tahun	[seteŋah tahun]
zes maanden	enam bulan	[enam bulan]

seizoen (bijv. lente, zomer)	**musim**	[musim]
eeuw (de)	**abad**	[abad]

REIZEN. HOTEL

20. Trip. Reizen

toerisme (het)	pariwisata	[pariwisata]
toerist (de)	turis, wisatawan	[turis], [wisatawan]
reis (de)	pengembaraan	[peɲembara'an]
avontuur (het)	petualangan	[petualaŋan]
tocht (de)	perjalanan, lawatan	[pərdʒ'alanan], [lawatan]
vakantie (de)	liburan	[liburan]
met vakantie zijn	berlibur	[bərlibur]
rust (de)	istirahat	[istirahat]
trein (de)	kereta api	[kereta api]
met de trein	naik kereta api	[nai' kereta api]
vliegtuig (het)	pesawat terbang	[pesawat tərbaŋ]
met het vliegtuig	naik pesawat terbang	[nai' pesawat tərbaŋ]
met de auto	naik mobil	[nai' mobil]
per schip (bw)	naik kapal	[nai' kapal]
bagage (de)	bagasi	[bagasi]
valies (de)	koper	[koper]
bagagekarretje (het)	troli bagasi	[troli bagasi]
paspoort (het)	paspor	[paspor]
visum (het)	visa	[visa]
kaartje (het)	tiket	[tiket]
vliegticket (het)	tiket pesawat terbang	[tiket pesawat tərbaŋ]
reisgids (de)	buku pedoman	[buku pedoman]
kaart (de)	peta	[peta]
gebied (landelijk ~)	kawasan	[kawasan]
plaats (de)	tempat	[tempat]
exotische bestemming (de)	keeksotisan	[keeksotisan]
exotisch (bn)	eksotis	[eksotis]
verwonderlijk (bn)	menakjubkan	[mənakdʒ'ubkan]
groep (de)	kelompok	[kelompo']
rondleiding (de)	ekskursi	[ekskursi]
gids (de)	pemandu wisata	[pemandu wisata]

21. Hotel

motel (het)	motel	[motel]
3-sterren	bintang tiga	[bintaŋ tiga]
5-sterren	bintang lima	[bintaŋ lima]

overnachten (ww)	menginap	[məŋinap]
kamer (de)	kamar	[kamar]
eenpersoonskamer (de)	kamar tunggal	[kamar tuŋgal]
tweepersoonskamer (de)	kamar ganda	[kamar ganda]
een kamer reserveren	memesan kamar	[memesan kamar]
halfpension (het)	sewa setengah	[sewa seteŋah]
volpension (het)	sewa penuh	[sewa penuh]
met badkamer	dengan kamar mandi	[deŋan kamar mandi]
met douche	dengan pancuran	[deŋan pantʃuran]
satelliet-tv (de)	televisi satelit	[televisi satelit]
airconditioner (de)	penyejuk udara	[penjedʒiuʔ udara]
handdoek (de)	handuk	[handuʔ]
sleutel (de)	kunci	[kuntʃi]
administrateur (de)	administrator	[administrator]
kamermeisje (het)	pelayan kamar	[pelajan kamar]
piccolo (de)	porter	[porter]
portier (de)	pramupintu	[pramupintu]
restaurant (het)	restoran	[restoran]
bar (de)	bar	[bar]
ontbijt (het)	makan pagi, sarapan	[makan pagi], [sarapan]
avondeten (het)	makan malam	[makan malam]
buffet (het)	prasmanan	[prasmanan]
hal (de)	lobi	[lobi]
lift (de)	elevator	[elevator]
NIET STOREN	JANGAN MENGGANGGU	[dʒiaŋan məŋgaŋgu]
VERBODEN TE ROKEN!	DILARANG MEROKOK!	[dilaraŋ merokoʔ!]

22. Bezienswaardigheden

monument (het)	monumen, patung	[monumen], [patuŋ]
vesting (de)	benteng	[benteŋ]
paleis (het)	istana	[istana]
kasteel (het)	kastil	[kastil]
toren (de)	menara	[menara]
mausoleum (het)	mausoleum	[mausoleum]
architectuur (de)	arsitektur	[arsitektur]
middeleeuws (bn)	abad pertengahan	[abad perteŋahan]
oud (bn)	kuno	[kuno]
nationaal (bn)	nasional	[nasional]
bekend (bn)	terkenal	[terkenal]
toerist (de)	turis, wisatawan	[turis], [wisatawan]
gids (de)	pemandu wisata	[pemandu wisata]
rondleiding (de)	ekskursi	[ekskursi]
tonen (ww)	menunjukkan	[menundʒiuʔkan]
vertellen (ww)	menceritakan	[mentʃeritakan]
vinden (ww)	mendapatkan	[mendapatkan]

verdwalen (de weg kwijt zijn)	**tersesat**	[tərsesat]
plattegrond (~ van de metro)	**denah**	[denah]
plattegrond (~ van de stad)	**peta**	[peta]
souvenir (het)	**suvenir**	[suvenir]
souvenirwinkel (de)	**toko suvenir**	[toko suvenir]
een foto maken (ww)	**memotret**	[memotret]
zich laten fotograferen	**berfoto**	[bərfoto]

VERVOER

23. Vliegveld

luchthaven (de)	bandara	[bandara]
vliegtuig (het)	pesawat terbang	[pesawat tərbaŋ]
luchtvaartmaatschappij (de)	maskapai penerbangan	[maskapaj penerbaŋan]
luchtverkeersleider (de)	pengawas lalu lintas udara	[peŋawas lalu lintas udara]
vertrek (het)	keberangkatan	[keberaŋkatan]
aankomst (de)	kedatangan	[kedataŋan]
aankomen (per vliegtuig)	datang	[dataŋ]
vertrektijd (de)	waktu keberangkatan	[waktu keberaŋkatan]
aankomstuur (het)	waktu kedatangan	[waktu kedataŋan]
vertraagd zijn (ww)	terlambat	[tərlambat]
vluchtvertraging (de)	penundaan penerbangan	[penunda'an penerbaŋan]
informatiebord (het)	papan informasi	[papan informasi]
informatie (de)	informasi	[informasi]
aankondigen (ww)	mengumumkan	[məŋumumkan]
vlucht (bijv. KLM ~)	penerbangan	[penerbaŋan]
douane (de)	pabean	[pabean]
douanier (de)	petugas pabean	[petugas pabean]
douaneaangifte (de)	pernyataan pabean	[pərnjata'an pabean]
invullen (douaneaangifte ~)	mengisi	[məŋisi]
een douaneaangifte invullen	mengisi formulir bea cukai	[məŋisi formulir bea tʃukaj]
paspoortcontrole (de)	pemeriksaan paspor	[pemeriksa'an paspor]
bagage (de)	bagasi	[bagasi]
handbagage (de)	jinjingan	[dʒindʒiŋan]
bagagekarretje (het)	troli bagasi	[troli bagasi]
landing (de)	pendaratan	[pendaratan]
landingsbaan (de)	jalur pendaratan	[dʒalur pendaratan]
landen (ww)	mendarat	[mendarat]
vliegtuigtrap (de)	tangga pesawat	[taŋga pesawat]
inchecken (het)	check-in	[tʃekin]
incheckbalie (de)	meja check-in	[medʒa tʃekin]
inchecken (ww)	check-in	[tʃekin]
instapkaart (de)	kartu pas	[kartu pas]
gate (de)	gerbang keberangkatan	[gerbaŋ keberaŋkatan]
transit (de)	transit	[transit]
wachten (ww)	menunggu	[mənuŋgu]
wachtzaal (de)	ruang tunggu	[ruaŋ tuŋgu]

| begeleiden (uitwuiven) | mengantar | [məɲantar] |
| afscheid nemen (ww) | berpamitan | [bərpamitan] |

24. Vliegtuig

vliegtuig (het)	pesawat terbang	[pesawat tərbaŋ]
vliegticket (het)	tiket pesawat terbang	[tiket pesawat tərbaŋ]
luchtvaartmaatschappij (de)	maskapai penerbangan	[maskapaj penerbaŋan]
luchthaven (de)	bandara	[bandara]
supersonisch (bn)	supersonik	[supersoniʔ]

gezagvoerder (de)	kapten	[kapten]
bemanning (de)	awak	[awaʔ]
piloot (de)	pilot	[pilot]
stewardess (de)	pramugari	[pramugari]
stuurman (de)	navigator, penavigasi	[navigator], [penavigasi]

vleugels (mv.)	sayap	[sajap]
staart (de)	ekor	[ekor]
cabine (de)	kokpit	[kokpit]
motor (de)	mesin	[mesin]
landingsgestel (het)	roda pendarat	[roda pendarat]
turbine (de)	turbin	[turbin]
propeller (de)	baling-baling	[baliŋ-baliŋ]
zwarte doos (de)	kotak hitam	[kota' hitam]
stuur (het)	kemudi	[kemudi]
brandstof (de)	bahan bakar	[bahan bakar]

veiligheidskaart (de)	instruksi keselamatan	[instruksi keselamatan]
zuurstofmasker (het)	masker oksigen	[masker oksigen]
uniform (het)	seragam	[seragam]
reddingsvest (de)	jaket pelampung	[dʒʲaket pelampuŋ]
parachute (de)	parasut	[parasut]
opstijgen (het)	lepas landas	[lepas landas]
opstijgen (ww)	bertolak	[bərtolaʔ]
startbaan (de)	jalur lepas landas	[dʒʲalur lepas landas]

zicht (het)	visibilitas, pandangan	[visibilitas], [pandaŋan]
vlucht (de)	penerbangan	[penerbaŋan]
hoogte (de)	ketinggian	[ketiŋgian]
luchtzak (de)	lubang udara	[lubaŋ udara]

plaats (de)	tempat duduk	[tempat dudu']
koptelefoon (de)	headphone, fonkepala	[headphone], [fonkepala]
tafeltje (het)	meja lipat	[medʒʲa lipat]
venster (het)	jendela pesawat	[dʒʲendela pesawat]
gangpad (het)	lorong	[loroŋ]

25. Trein

| trein (de) | kereta api | [kereta api] |
| elektrische trein (de) | kereta api listrik | [kereta api listriʔ] |

sneltrein (de)	kereta api cepat	[kereta api ʧepat]
diesellocomotief (de)	lokomotif diesel	[lokomotif disel]
locomotief (de)	lokomotif uap	[lokomotif uap]

| rijtuig (het) | gerbong penumpang | [gerboŋ penumpaŋ] |
| restauratierijtuig (het) | gerbong makan | [gerboŋ makan] |

rails (mv.)	rel	[rel]
spoorweg (de)	rel kereta api	[rel kereta api]
dwarsligger (de)	bantalan rel	[bantalan rel]

| perron (het) | platform | [platform] |
| spoor (het) | jalur | [dʒ'alur] |

| semafoor (de) | semafor | [semafor] |
| halte (bijv. kleine treinhalte) | stasiun | [stasiun] |

machinist (de)	masinis	[masinis]
kruier (de)	porter	[porter]
conducteur (de)	kondektur	[kondektur]

| passagier (de) | penumpang | [penumpaŋ] |
| controleur (de) | kondektur | [kondektur] |

| gang (in een trein) | koridor | [koridor] |
| noodrem (de) | rem darurat | [rem darurat] |

coupé (de)	kabin	[kabin]
bed (slaapplaats)	bangku	[baŋku]
bovenste bed (het)	bangku atas	[baŋku atas]

| onderste bed (het) | bangku bawah | [baŋku bawah] |
| beddengoed (het) | kain kasur | [kain kasur] |

kaartje (het)	tiket	[tiket]
dienstregeling (de)	jadwal	[dʒ'adwal]
informatiebord (het)	layar informasi	[lajar informasi]

vertrekken	berangkat	[bəraŋkat]
(De trein vertrekt …)		
vertrek (ov. een trein)	keberangkatan	[keberaŋkatan]

| aankomen (ov. de treinen) | datang | [dataŋ] |
| aankomst (de) | kedatangan | [kedataŋan] |

aankomen per trein	datang naik kereta api	[dataŋ naj' kereta api]
in de trein stappen	naik ke kereta	[nai' ke kereta]
uit de trein stappen	turun dari kereta	[turun dari kereta]

| treinwrak (het) | kecelakaan kereta | [ketʃelaka'an kereta] |
| ontspoord zijn | keluar rel | [keluar rel] |

locomotief (de)	lokomotif uap	[lokomotif uap]
stoker (de)	juru api	[dʒ'uru api]
stookplaats (de)	tungku	[tuŋku]
steenkool (de)	batu bara	[batu bara]

26. Schip

schip (het)	kapal	[kapal]
vaartuig (het)	kapal	[kapal]
stoomboot (de)	kapal uap	[kapal uap]
motorschip (het)	kapal api	[kapal api]
lijnschip (het)	kapal laut	[kapal laut]
kruiser (de)	kapal penjelajah	[kapal pendʒˈeladʒˈah]
jacht (het)	perahu pesiar	[pərahu pesiar]
sleepboot (de)	kapal tunda	[kapal tunda]
duwbak (de)	tongkang	[toŋkaŋ]
ferryboot (de)	feri	[feri]
zeilboot (de)	kapal layar	[kapal lajar]
brigantijn (de)	kapal brigantin	[kapal brigantin]
IJsbreker (de)	kapal pemecah es	[kapal pemetʃah es]
duikboot (de)	kapal selam	[kapal selam]
boot (de)	perahu	[pərahu]
sloep (de)	sekoci	[sekotʃi]
reddingssloep (de)	sekoci penyelamat	[sekotʃi penjelamat]
motorboot (de)	perahu motor	[pərahu motor]
kapitein (de)	kapten	[kapten]
zeeman (de)	kelasi	[kelasi]
matroos (de)	pelaut	[pelaut]
bemanning (de)	awak	[awaʔ]
bootsman (de)	bosman, bosun	[bosman], [bosun]
scheepsjongen (de)	kadet laut	[kadet laut]
kok (de)	koki	[koki]
scheepsarts (de)	dokter kapal	[dokter kapal]
dek (het)	dek	[deʔ]
mast (de)	tiang	[tiaŋ]
zeil (het)	layar	[lajar]
ruim (het)	lambung kapal	[lambuŋ kapal]
voorsteven (de)	haluan	[haluan]
achtersteven (de)	buritan	[buritan]
roeispaan (de)	dayung	[dajuŋ]
schroef (de)	baling-baling	[baliŋ-baliŋ]
kajuit (de)	kabin	[kabin]
officierskamer (de)	ruang rekreasi	[ruaŋ rekreasi]
machinekamer (de)	ruang mesin	[ruaŋ mesin]
brug (de)	anjungan kapal	[andʒˈuŋan kapal]
radiokamer (de)	ruang radio	[ruaŋ radio]
radiogolf (de)	gelombang radio	[gelombaŋ radio]
logboek (het)	buku harian kapal	[buku harian kapal]
verrekijker (de)	teropong	[teropoŋ]
klok (de)	lonceng	[lontʃeŋ]

vlag (de)	**bendera**	[bendera]
kabel (de)	**tali**	[tali]
knoop (de)	**simpul**	[simpul]
trapleuning (de)	**pegangan**	[pegaŋan]
trap (de)	**tangga kapal**	[taŋga kapal]
anker (het)	**jangkar**	[dʒʲaŋkar]
het anker lichten	**mengangkat jangkar**	[məŋaŋkat dʒʲaŋkar]
het anker neerlaten	**menjatuhkan jangkar**	[məndʒʲatuhkan dʒʲaŋkar]
ankerketting (de)	**rantai jangkar**	[rantaj dʒʲaŋkar]
haven (bijv. containerhaven)	**pelabuhan**	[pelabuhan]
kaai (de)	**dermaga**	[dermaga]
aanleggen (ww)	**merapat**	[merapat]
wegvaren (ww)	**bertolak**	[bərtolaʔ]
reis (de)	**pengembaraan**	[peŋembaraʔan]
cruise (de)	**pesiar**	[pesiar]
koers (de)	**haluan**	[haluan]
route (de)	**rute**	[rute]
zandbank (de)	**beting**	[betiŋ]
stranden (ww)	**kandas**	[kandas]
storm (de)	**badai**	[badaj]
signaal (het)	**sinyal**	[sinjal]
zinken (ov. een boot)	**tenggelam**	[teŋgelam]
Man overboord!	**Orang hanyut!**	[oraŋ hanyut!]
SOS (noodsignaal)	**SOS**	[es-o-es]
reddingsboei (de)	**pelampung penyelamat**	[pelampuŋ penjelamat]

STAD

27. Stedelijk vervoer

bus, autobus (de)	**bus**	[bus]
tram (de)	**trem**	[trem]
trolleybus (de)	**bus listrik**	[bus listri']
route (de)	**trayek**	[trae']
nummer (busnummer, enz.)	**nomor**	[nomor]
rijden met ...	**naik ...**	[nai' ...]
stappen (in de bus ~)	**naik**	[nai']
afstappen (ww)	**turun ...**	[turun ...]
halte (de)	**halte, pemberhentian**	[halte], [pemberhentian]
volgende halte (de)	**halte berikutnya**	[halte berikutnja]
eindpunt (het)	**halte terakhir**	[halte terahir]
dienstregeling (de)	**jadwal**	[dʒ¦adwal]
wachten (ww)	**menunggu**	[menuŋgu]
kaartje (het)	**tiket**	[tiket]
reiskosten (de)	**harga karcis**	[harga kartʃis]
kassier (de)	**kasir**	[kasir]
kaartcontrole (de)	**pemeriksaan tiket**	[pemeriksa'an tiket]
controleur (de)	**kondektur**	[kondektur]
te laat zijn (ww)	**terlambat ...**	[terlambat ...]
missen (de bus ~)	**ketinggalan**	[ketiŋgalan]
zich haasten (ww)	**tergesa-gesa**	[tergesa-gesa]
taxi (de)	**taksi**	[taksi]
taxichauffeur (de)	**sopir taksi**	[sopir taksi]
met de taxi (bw)	**naik taksi**	[nai' taksi]
taxistandplaats (de)	**pangkalan taksi**	[paŋkalan taksi]
een taxi bestellen	**memanggil taksi**	[memaŋgil taksi]
een taxi nemen	**menaiki taksi**	[menajki taksi]
verkeer (het)	**lalu lintas**	[lalu lintas]
file (de)	**kemacetan lalu lintas**	[kematʃetan lalu lintas]
spitsuur (het)	**jam sibuk**	[dʒ¦am sibu']
parkeren (on.ww.)	**parkir**	[parkir]
parkeren (ov.ww.)	**memarkir**	[memarkir]
parking (de)	**tempat parkir**	[tempat parkir]
metro (de)	**kereta api bawah tanah**	[kereta api bawah tanah]
halte (bijv. kleine treinhalte)	**stasiun**	[stasiun]
de metro nemen	**naik kereta api bawah tanah**	[nai' kereta api bawah tanah]
trein (de)	**kereta api**	[kereta api]
station (treinstation)	**stasiun kereta api**	[stasiun kereta api]

28. Stad. Het leven in de stad

stad (de)	kota	[kota]
hoofdstad (de)	ibu kota	[ibu kota]
dorp (het)	desa	[desa]
plattegrond (de)	peta kota	[peta kota]
centrum (ov. een stad)	pusat kota	[pusat kota]
voorstad (de)	pinggir kota	[piŋgir kota]
voorstads- (abn)	pinggir kota	[piŋgir kota]
randgemeente (de)	pinggir	[piŋgir]
omgeving (de)	daerah sekitarnya	[daerah sekitarnja]
blok (huizenblok)	blok	[bloˀ]
woonwijk (de)	blok perumahan	[bloˀ pərumahan]
verkeer (het)	lalu lintas	[lalu lintas]
verkeerslicht (het)	lampu lalu lintas	[lampu lalu lintas]
openbaar vervoer (het)	angkot	[aŋkot]
kruispunt (het)	persimpangan	[pərsimpaŋan]
zebrapad (oversteekplaats)	penyeberangan	[penjeberaŋan]
onderdoorgang (de)	terowongan penyeberangan	[tərowoŋan penjeberaŋan]
oversteken (de straat ~)	menyeberang	[mənjeberaŋ]
voetganger (de)	pejalan kaki	[pedʒ'alan kaki]
trottoir (het)	trotoar	[trotoar]
brug (de)	jembatan	[dʒ'embatan]
dijk (de)	tepi sungai	[tepi suŋaj]
fontein (de)	air mancur	[air manʧur]
allee (de)	jalan kecil	[dʒ'alan keʧil]
park (het)	taman	[taman]
boulevard (de)	bulevar, adimarga	[bulevar], [adimarga]
plein (het)	lapangan	[lapaŋan]
laan (de)	jalan raya	[dʒ'alan raja]
straat (de)	jalan	[dʒ'alan]
zijstraat (de)	gang	[gaŋ]
doodlopende straat (de)	jalan buntu	[dʒ'alan buntu]
huis (het)	rumah	[rumah]
gebouw (het)	gedung	[geduŋ]
wolkenkrabber (de)	pencakar langit	[penʧakar laŋit]
gevel (de)	bagian depan	[bagian depan]
dak (het)	atap	[atap]
venster (het)	jendela	[dʒ'endela]
boog (de)	lengkungan	[leŋkuŋan]
pilaar (de)	pilar	[pilar]
hoek (ov. een gebouw)	sudut	[sudut]
vitrine (de)	etalase	[etalase]
gevelreclame (de)	papan nama	[papan nama]
affiche (de/het)	poster	[poster]

| reclameposter (de) | poster iklan | [poster iklan] |
| aanplakbord (het) | papan iklan | [papan iklan] |

vuilnis (de/het)	sampah	[sampah]
vuilnisbak (de)	tong sampah	[toŋ sampah]
afval weggooien (ww)	menyampah	[mənjampah]
stortplaats (de)	tempat pemrosesan akhir (TPA)	[tempat pemrosesan ahir]

telefooncel (de)	gardu telepon umum	[gardu telepon umum]
straatlicht (het)	tiang lampu	[tiaŋ lampu]
bank (de)	bangku	[baŋku]

politieagent (de)	polisi	[polisi]
politie (de)	polisi, kepolisian	[polisi], [kepolisian]
zwerver (de)	pengemis	[peŋemis]
dakloze (de)	tuna wisma	[tuna wisma]

29. Stedelijke instellingen

winkel (de)	toko	[toko]
apotheek (de)	apotek, toko obat	[apotek], [toko obat]
optiek (de)	optik	[optiʔ]
winkelcentrum (het)	toserba	[toserba]
supermarkt (de)	pasar swalayan	[pasar swalajan]

bakkerij (de)	toko roti	[toko roti]
bakker (de)	pembuat roti	[pembuat roti]
banketbakkerij (de)	toko kue	[toko kue]
kruidenier (de)	toko pangan	[toko paŋan]
slagerij (de)	toko daging	[toko dagiŋ]

| groentewinkel (de) | toko sayur | [toko sajur] |
| markt (de) | pasar | [pasar] |

koffiehuis (het)	warung kopi	[waruŋ kopi]
restaurant (het)	restoran	[restoran]
bar (de)	kedai bir	[kedaj bir]
pizzeria (de)	kedai piza	[kedaj piza]

kapperssalon (de/het)	salon rambut	[salon rambut]
postkantoor (het)	kantor pos	[kantor pos]
stomerij (de)	penatu kimia	[penatu kimia]
fotostudio (de)	studio foto	[studio foto]

schoenwinkel (de)	toko sepatu	[toko sepatu]
boekhandel (de)	toko buku	[toko buku]
sportwinkel (de)	toko alat olahraga	[toko alat olahraga]

kledingreparatie (de)	reparasi pakaian	[reparasi pakajan]
kledingverhuur (de)	rental pakaian	[rental pakajan]
videotheek (de)	rental film	[rental film]
circus (de/het)	sirkus	[sirkus]
dierentuin (de)	kebun binatang	[kebun binataŋ]

bioscoop (de)	bioskop	[bioskop]
museum (het)	museum	[museum]
bibliotheek (de)	perpustakaan	[pərpustaka'an]

theater (het)	teater	[teater]
opera (de)	opera	[opera]
nachtclub (de)	klub malam	[klub malam]
casino (het)	kasino	[kasino]

moskee (de)	masjid	[masdʒid]
synagoge (de)	sinagoga, kanisah	[sinagoga], [kanisah]
kathedraal (de)	katedral	[katedral]
tempel (de)	kuil, candi	[kuil], [tʃandi]
kerk (de)	gereja	[geredʒʲa]

instituut (het)	institut, perguruan tinggi	[institut], [pərguruan tiŋgi]
universiteit (de)	universitas	[universitas]
school (de)	sekolah	[sekolah]

gemeentehuis (het)	prefektur, distrik	[prefektur], [distri']
stadhuis (het)	balai kota	[balaj kota]
hotel (het)	hotel	[hotel]
bank (de)	bank	[ban']

ambassade (de)	kedutaan besar	[keduta'an besar]
reisbureau (het)	kantor pariwisata	[kantor pariwisata]
informatieloket (het)	kantor penerangan	[kantor peneraŋan]
wisselkantoor (het)	kantor penukaran uang	[kantor penukaran uaŋ]

| metro (de) | kereta api bawah tanah | [kereta api bawah tanah] |
| ziekenhuis (het) | rumah sakit | [rumah sakit] |

| benzinestation (het) | SPBU, stasiun bensin | [es-pe-be-u], [stasjun bensin] |
| parking (de) | tempat parkir | [tempat parkir] |

30. Borden

gevelreclame (de)	papan nama	[papan nama]
opschrift (het)	tulisan	[tulisan]
poster (de)	poster	[poster]
wegwijzer (de)	penunjuk arah	[penundʒʲu' arah]
pijl (de)	anak panah	[ana' panah]

waarschuwing (verwittiging)	peringatan	[pəriŋatan]
waarschuwingsbord (het)	tanda peringatan	[tanda pəriŋatan]
waarschuwen (ww)	memperingatkan	[memperiŋatkan]

vrije dag (de)	hari libur	[hari libur]
dienstregeling (de)	jadwal	[dʒʲadwal]
openingsuren (mv.)	jam buka	[dʒʲam buka]

WELKOM!	SELAMAT DATANG!	[selamat dataŋ!]
INGANG	MASUK	[masu']
UITGANG	KELUAR	[keluar]

DUWEN	DORONG	[doroŋ]
TREKKEN	TARIK	[tariˀ]
OPEN	BUKA	[buka]
GESLOTEN	TUTUP	[tutup]

| DAMES | WANITA | [wanita] |
| HEREN | PRIA | [pria] |

KORTING	DISKON	[diskon]
UITVERKOOP	OBRAL	[obral]
NIEUW!	BARU!	[baru!]
GRATIS	GRATIS	[gratis]

PAS OP!	PERHATIAN!	[pərhatian!]
VOLGEBOEKT	PENUH	[penuh]
GERESERVEERD	DIRESERVASI	[direservasi]

| ADMINISTRATIE | ADMINISTRASI | [administrasi] |
| ALLEEN VOOR PERSONEEL | KHUSUS STAF | [husus staf] |

GEVAARLIJKE HOND	AWAS, ANJING GALAK!	[awas], [andʒiŋ galaˀ!]
VERBODEN TE ROKEN!	DILARANG MEROKOK!	[dilaraŋ merokoˀ!]
NIET AANRAKEN!	JANGAN SENTUH!	[dʒˈaŋan sentuh!]

GEVAARLIJK	BERBAHAYA	[bərbahaja]
GEVAAR	BAHAYA	[bahaja]
HOOGSPANNING	TEGANGAN TINGGI	[tegaŋan tiŋgi]
VERBODEN TE ZWEMMEN	DILARANG BERENANG!	[dilaraŋ bərenaŋ!]
BUITEN GEBRUIK	RUSAK	[rusaˀ]

ONTVLAMBAAR	BAHAN MUDAH TERBAKAR	[bahan mudah tərbakar]
VERBODEN	DILARANG	[dilaraŋ]
DOORGANG VERBODEN	DILARANG MASUK!	[dilaraŋ masuˀ!]
OPGELET PAS GEVERFD	AWAS CAT BASAH	[awas tʃat basah]

31. Winkelen

kopen (ww)	membeli	[membeli]
aankoop (de)	belanjaan	[belandʒˈaˀan]
winkelen (ww)	berbelanja	[bərbelandʒˈa]
winkelen (het)	berbelanja	[bərbelandʒˈa]

| open zijn (ov. een winkel, enz.) | buka | [buka] |
| gesloten zijn (ww) | tutup | [tutup] |

schoeisel (het)	sepatu	[sepatu]
kleren (mv.)	pakaian	[pakajan]
cosmetica (de)	kosmetik	[kosmetiˀ]
voedingswaren (mv.)	produk makanan	[produˀ makanan]
geschenk (het)	hadiah	[hadiah]
verkoper (de)	pramuniaga	[pramuniaga]

verkoopster (de)	pramuniaga perempuan	[pramuniaga perempuan]
kassa (de)	kas	[kas]
spiegel (de)	cermin	[tʃermin]
toonbank (de)	konter	[konter]
paskamer (de)	kamar pas	[kamar pas]
aanpassen (ww)	mengepas	[məŋepas]
passen (ov. kleren)	pas, cocok	[pas], [tʃotʃoʔ]
bevallen (prettig vinden)	suka	[suka]
prijs (de)	harga	[harga]
prijskaartje (het)	label harga	[label harga]
kosten (ww)	berharga	[bərharga]
Hoeveel?	Berapa?	[bərapa?]
korting (de)	diskon	[diskon]
niet duur (bn)	tidak mahal	[tidaʔ mahal]
goedkoop (bn)	murah	[murah]
duur (bn)	mahal	[mahal]
Dat is duur.	Ini mahal	[ini mahal]
verhuur (de)	rental, persewaan	[rental], [pərsewaʔan]
huren (smoking, enz.)	menyewa	[mənjewa]
krediet (het)	kredit	[kredit]
op krediet (bw)	secara kredit	[setʃara kredit]

KLEDING EN ACCESSOIRES

32. Bovenkleding. Jassen

kleren (mv.), kleding (de)	pakaian	[pakajan]
bovenkleding (de)	pakaian luar	[pakajan luar]
winterkleding (de)	pakaian musim dingin	[pakajan musim diŋin]
jas (de)	mantel	[mantel]
bontjas (de)	mantel bulu	[mantel bulu]
bontjasje (het)	jaket bulu	[dʒʲaket bulu]
donzen jas (de)	jaket bulu halus	[dʒʲaket bulu halus]
jasje (bijv. een leren ~)	jaket	[dʒʲaket]
regenjas (de)	jas hujan	[dʒʲas hudʒʲan]
waterdicht (bn)	kedap air	[kedap air]

33. Heren & dames kleding

overhemd (het)	kemeja	[kemedʒʲa]
broek (de)	celana	[tʃelana]
jeans (de)	celana jins	[tʃelana dʒins]
colbert (de)	jas	[dʒʲas]
kostuum (het)	setelan	[setelan]
jurk (de)	gaun	[gaun]
rok (de)	rok	[roˀ]
blouse (de)	blus	[blus]
wollen vest (de)	jaket wol	[dʒʲaket wol]
blazer (kort jasje)	jaket	[dʒʲaket]
T-shirt (het)	baju kaus	[badʒʲu kaus]
shorts (mv.)	celana pendek	[tʃelana pendeˀ]
trainingspak (het)	pakaian olahraga	[pakajan olahraga]
badjas (de)	jubah mandi	[dʒʲubah mandi]
pyjama (de)	piyama	[piyama]
sweater (de)	sweter	[sweter]
pullover (de)	pulover	[pulover]
gilet (het)	rompi	[rompi]
rokkostuum (het)	jas berbuntut	[dʒʲas bərbuntut]
smoking (de)	jas malam	[dʒʲas malam]
uniform (het)	seragam	[seragam]
werkkleding (de)	pakaian kerja	[pakajan kerdʒʲa]
overall (de)	baju monyet	[badʒʲu monjet]
doktersjas (de)	jas	[dʒʲas]

34. Kleding. Ondergoed

ondergoed (het)	pakaian dalam	[pakajan dalam]
herenslip (de)	celana dalam lelaki	[ʧelana dalam lelaki]
slipjes (mv.)	celana dalam wanita	[ʧelana dalam wanita]
onderhemd (het)	singlet	[siŋlet]
sokken (mv.)	kaus kaki	[kaus kaki]
nachthemd (het)	baju tidur	[badʒˈu tidur]
beha (de)	beha	[beha]
kniekousen (mv.)	kaus kaki selutut	[kaus kaki selutut]
panty (de)	pantihos	[pantihos]
nylonkousen (mv.)	kaus kaki panjang	[kaus kaki pandʒˈaŋ]
badpak (het)	baju renang	[badʒˈu renaŋ]

35. Hoofddeksels

hoed (de)	topi	[topi]
deukhoed (de)	topi bulat	[topi bulat]
honkbalpet (de)	topi bisbol	[topi bisbol]
kleppet (de)	topi pet	[topi pet]
baret (de)	baret	[baret]
kap (de)	kerudung kepala	[keruduŋ kepala]
panamahoed (de)	topi panama	[topi panama]
gebreide muts (de)	topi rajut	[topi radʒˈut]
hoofddoek (de)	tudung kepala	[tuduŋ kepala]
dameshoed (de)	topi wanita	[topi wanita]
veiligheidshelm (de)	topi baja	[topi badʒˈa]
veldmuts (de)	topi lipat	[topi lipat]
helm, valhelm (de)	helm	[helm]
bolhoed (de)	topi bulat	[topi bulat]
hoge hoed (de)	topi tinggi	[topi tiŋgi]

36. Schoeisel

schoeisel (het)	sepatu	[sepatu]
schoenen (mv.)	sepatu bot	[sepatu bot]
vrouwenschoenen (mv.)	sepatu wanita	[sepatu wanita]
laarzen (mv.)	sepatu lars	[sepatu lars]
pantoffels (mv.)	pantofel	[pantofel]
sportschoenen (mv.)	sepatu tenis	[sepatu tenis]
sneakers (mv.)	sepatu kets	[sepatu kets]
sandalen (mv.)	sandal	[sandal]
schoenlapper (de)	tukang sepatu	[tukaŋ sepatu]
hiel (de)	tumit	[tumit]

paar (een ~ schoenen)	sepasang	[sepasaŋ]
veter (de)	tali sepatu	[tali sepatu]
rijgen (schoenen ~)	mengikat tali	[məŋikat tali]
schoenlepel (de)	sendok sepatu	[sendoˀ sepatu]
schoensmeer (de/het)	semir sepatu	[semir sepatu]

37. Persoonlijke accessoires

handschoenen (mv.)	sarung tangan	[saruŋ taŋan]
wanten (mv.)	sarung tangan	[saruŋ taŋan]
sjaal (fleece ~)	selendang	[selendaŋ]

bril (de)	kacamata	[katʃamata]
brilmontuur (het)	bingkai	[biŋkaj]
paraplu (de)	payung	[pajuŋ]
wandelstok (de)	tongkat jalan	[toŋkat dʒʲalan]
haarborstel (de)	sikat rambut	[sikat rambut]
waaier (de)	kipas	[kipas]

das (de)	dasi	[dasi]
strikje (het)	dasi kupu-kupu	[dasi kupu-kupu]
bretels (mv.)	bretel	[bretel]
zakdoek (de)	sapu tangan	[sapu taŋan]

kam (de)	sisir	[sisir]
haarspeldje (het)	jepit rambut	[dʒʲepit rambut]
schuifspeldje (het)	harnal	[harnal]
gesp (de)	gesper	[gesper]

| broekriem (de) | sabuk | [sabuˀ] |
| draagriem (de) | tali tas | [tali tas] |

handtas (de)	tas	[tas]
damestas (de)	tas tangan	[tas taŋan]
rugzak (de)	ransel	[ransel]

38. Kleding. Diversen

mode (de)	mode	[mode]
de mode (bn)	modis	[modis]
kledingstilist (de)	perancang busana	[perantʃaŋ busana]

kraag (de)	kerah	[kerah]
zak (de)	saku	[saku]
zak- (abn)	saku	[saku]
mouw (de)	lengan	[leŋan]
lusje (het)	tali kait	[tali kait]
gulp (de)	golbi	[golbi]

rits (de)	ritsleting	[ritsletiŋ]
sluiting (de)	kancing	[kantʃiŋ]
knoop (de)	kancing	[kantʃiŋ]

| knoopsgat (het) | lubang kancing | [lubaŋ kantʃiŋ] |
| losraken (bijv. knopen) | terlepas | [tərlepas] |

naaien (kleren, enz.)	menjahit	[məndʒ'ahit]
borduren (ww)	membordir	[membordir]
borduursel (het)	bordiran	[bordiran]
naald (de)	jarum	[dʒ'arum]
draad (de)	benang	[benaŋ]
naad (de)	setik	[seti']

vies worden (ww)	kena kotor	[kena kotor]
vlek (de)	bercak	[bertʃa']
gekreukt raken (ov. kleren)	kumal	[kumal]
scheuren (ov.ww.)	merobek	[merobe']
mot (de)	ngengat	[ŋeŋat]

39. Persoonlijke verzorging. Schoonheidsmiddelen

tandpasta (de)	pasta gigi	[pasta gigi]
tandenborstel (de)	sikat gigi	[sikat gigi]
tanden poetsen (ww)	menggosok gigi	[məŋgoso' gigi]

scheermes (het)	pisau cukur	[pisau tʃukur]
scheerschuim (het)	krim cukur	[krim tʃukur]
zich scheren (ww)	bercukur	[bərtʃukur]

| zeep (de) | sabun | [sabun] |
| shampoo (de) | sampo | [sampo] |

schaar (de)	gunting	[guntiŋ]
nagelvijl (de)	kikir kuku	[kikir kuku]
nagelknipper (de)	pemotong kuku	[pemotoŋ kuku]
pincet (het)	pinset	[pinset]

cosmetica (de)	kosmetik	[kosmeti']
masker (het)	masker	[masker]
manicure (de)	manikur	[manikur]
manicure doen	melakukan manikur	[melakukan manikur]
pedicure (de)	pedi	[pedi]

cosmetica tasje (het)	tas kosmetik	[tas kosmeti']
poeder (de/het)	bedak	[beda']
poederdoos (de)	kotak bedak	[kota' beda']
rouge (de)	perona pipi	[perona pipi]

parfum (de/het)	parfum	[parfum]
eau de toilet (de)	minyak wangi	[minja' waŋi]
lotion (de)	losion	[losjon]
eau de cologne (de)	kolonye	[kolone]

oogschaduw (de)	pewarna mata	[pewarna mata]
oogpotlood (het)	pensil alis	[pensil alis]
mascara (de)	celak	[tʃela']
lippenstift (de)	lipstik	[lipsti']

nagellak (de)	kuteks, cat kuku	[kuteks], [ʧat kuku]
haarlak (de)	semprotan rambut	[semprotan rambut]
deodorant (de)	deodoran	[deodoran]

crème (de)	krim	[krim]
gezichtscrème (de)	krim wajah	[krim wadʒʲah]
handcrème (de)	krim tangan	[krim taŋan]
antirimpelcrème (de)	krim antikerut	[krim antikerut]
dagcrème (de)	krim siang	[krim siaŋ]
nachtcrème (de)	krim malam	[krim malam]
dag- (abn)	siang	[siaŋ]
nacht- (abn)	malam	[malam]

tampon (de)	tampon	[tampon]
toiletpapier (het)	kertas toilet	[kertas toylet]
föhn (de)	pengering rambut	[peŋeriŋ rambut]

40. Horloges. Klokken

polshorloge (het)	arloji	[arlodʒi]
wijzerplaat (de)	piringan jam	[piriŋan dʒʲam]
wijzer (de)	jarum	[dʒʲarum]
metalen horlogeband (de)	rantai arloji	[rantaj arlodʒi]
horlogebandje (het)	tali arloji	[tali arlodʒi]

batterij (de)	baterai	[bateraj]
leeg zijn (ww)	mati	[mati]
batterij vervangen	mengganti baterai	[məŋganti bateraj]
voorlopen (ww)	cepat	[ʧepat]
achterlopen (ww)	terlambat	[tərlambat]

wandklok (de)	jam dinding	[dʒʲam dindiŋ]
zandloper (de)	jam pasir	[dʒʲam pasir]
zonnewijzer (de)	jam matahari	[dʒʲam matahari]
wekker (de)	weker	[weker]
horlogemaker (de)	tukang jam	[tukaŋ dʒʲam]
repareren (ww)	mereparasi, memperbaiki	[mereparasi], [memperbajki]

ALLEDAAGSE ERVARING

41. Geld

geld (het)	uang	[uaŋ]
ruil (de)	pertukaran mata uang	[pərtukaran mata uaŋ]
koers (de)	nilai tukar	[nilaj tukar]
geldautomaat (de)	Anjungan Tunai Mandiri, ATM	[andʒʲuŋan tunaj mandiri], [a-te-em]
muntstuk (de)	koin	[koin]
dollar (de)	dolar	[dolar]
euro (de)	euro	[euro]
lire (de)	lira	[lira]
Duitse mark (de)	Mark Jerman	[marʔ dʒʲerman]
frank (de)	franc	[franʧ]
pond sterling (het)	poundsterling	[paundsterliŋ]
yen (de)	yen	[yen]
schuld (geldbedrag)	utang	[utaŋ]
schuldenaar (de)	pengutang	[peŋutaŋ]
uitlenen (ww)	meminjamkan	[memindʒʲamkan]
lenen (geld ~)	meminjam	[memindʒʲam]
bank (de)	bank	[banʔ]
bankrekening (de)	rekening	[rekeniŋ]
storten (ww)	memasukkan	[memasuʔkan]
op rekening storten	memasukkan ke rekening	[memasuʔkan ke rekeniŋ]
opnemen (ww)	menarik uang	[mənariʔ uaŋ]
kredietkaart (de)	kartu kredit	[kartu kredit]
baar geld (het)	uang kontan, uang tunai	[uaŋ kontan], [uaŋ tunaj]
cheque (de)	cek	[ʧeʔ]
een cheque uitschrijven	menulis cek	[mənulis ʧeʔ]
chequeboekje (het)	buku cek	[buku ʧeʔ]
portefeuille (de)	dompet	[dompet]
geldbeugel (de)	dompet, pundi-pundi	[dompet], [pundi-pundi]
safe (de)	brankas	[brankas]
erfgenaam (de)	pewaris	[pewaris]
erfenis (de)	warisan	[warisan]
fortuin (het)	kekayaan	[kekajaʔan]
huur (de)	sewa	[sewa]
huurprijs (de)	uang sewa	[uaŋ sewa]
huren (huis, kamer)	menyewa	[mənjewa]
prijs (de)	harga	[harga]
kostprijs (de)	harga	[harga]

som (de)	jumlah	[dʒ¡umlah]
uitgeven (geld besteden)	menghabiskan	[məŋhabiskan]
kosten (mv.)	ongkos	[oŋkos]
bezuinigen (ww)	menghemat	[məŋhemat]
zuinig (bn)	hemat	[hemat]
betalen (ww)	membayar	[membajar]
betaling (de)	pembayaran	[pembajaran]
wisselgeld (het)	kembalian	[kembalian]
belasting (de)	pajak	[padʒ¡aˀ]
boete (de)	denda	[denda]
beboeten (bekeuren)	mendenda	[məndenda]

42. Post. Postkantoor

postkantoor (het)	kantor pos	[kantor pos]
post (de)	surat	[surat]
postbode (de)	tukang pos	[tukaŋ pos]
openingsuren (mv.)	jam buka	[dʒ¡am buka]
brief (de)	surat	[surat]
aangetekende brief (de)	surat tercatat	[surat tərtʃatat]
briefkaart (de)	kartu pos	[kartu pos]
telegram (het)	telegram	[telegram]
postpakket (het)	parsel, paket pos	[parsel], [paket pos]
overschrijving (de)	wesel pos	[wesel pos]
ontvangen (ww)	menerima	[mənerima]
sturen (zenden)	mengirim	[məŋirim]
verzending (de)	pengiriman	[peɲiriman]
adres (het)	alamat	[alamat]
postcode (de)	kode pos	[kode pos]
verzender (de)	pengirim	[peɲirim]
ontvanger (de)	penerima	[penerima]
naam (de)	nama	[nama]
achternaam (de)	nama keluarga	[nama keluarga]
tarief (het)	tarif	[tarif]
standaard (bn)	biasa, standar	[biasa], [standar]
zuinig (bn)	ekonomis	[ekonomis]
gewicht (het)	berat	[berat]
afwegen (op de weegschaal)	menimbang	[mənimbaŋ]
envelop (de)	amplop	[amplop]
postzegel (de)	prangko	[praŋko]
een postzegel plakken op	menempelkan prangko	[mənempelkan praŋko]

43. Bankieren

bank (de)	bank	[banˀ]
bankfiliaal (het)	cabang	[tʃabaŋ]

bankbediende (de)	konsultan	[konsultan]
manager (de)	manajer	[manadʒⁱer]
bankrekening (de)	rekening	[rekeniŋ]
rekeningnummer (het)	nomor rekening	[nomor rekeniŋ]
lopende rekening (de)	rekening koran	[rekeniŋ koran]
spaarrekening (de)	rekening simpanan	[rekeniŋ simpanan]
een rekening openen	membuka rekening	[membuka rekeniŋ]
de rekening sluiten	menutup rekening	[mənutup rekeniŋ]
op rekening storten	memasukkan ke rekening	[memasuˀkan ke rekeniŋ]
opnemen (ww)	menarik uang	[mənariˀ uaŋ]
storting (de)	deposito	[deposito]
een storting maken	melakukan setoran	[melakukan setoran]
overschrijving (de)	transfer kawat	[transfer kawat]
een overschrijving maken	mentransfer	[məntransfer]
som (de)	jumlah	[dʒⁱumlah]
Hoeveel?	Berapa?	[bərapa?]
handtekening (de)	tanda tangan	[tanda taŋan]
ondertekenen (ww)	menandatangani	[mənandataŋani]
kredietkaart (de)	kartu kredit	[kartu kredit]
code (de)	kode	[kode]
kredietkaartnummer (het)	nomor kartu kredit	[nomor kartu kredit]
geldautomaat (de)	Anjungan Tunai Mandiri, ATM	[andʒⁱuŋan tunaj mandiri], [a-te-em]
cheque (de)	cek	[tʃeˀ]
een cheque uitschrijven	menulis cek	[mənulis tʃeˀ]
chequeboekje (het)	buku cek	[buku tʃeˀ]
lening, krediet (de)	kredit, pinjaman	[kredit], [pindʒⁱaman]
een lening aanvragen	meminta kredit	[meminta kredit]
een lening nemen	mendapatkan kredit	[məndapatkan kredit]
een lening verlenen	memberikan kredit	[memberikan kredit]
garantie (de)	jaminan	[dʒⁱaminan]

44. Telefoon. Telefoongesprek

telefoon (de)	telepon	[telepon]
mobieltje (het)	ponsel	[ponsel]
antwoordapparaat (het)	mesin penjawab panggilan	[mesin pendʒⁱawab paŋgilan]
bellen (ww)	menelepon	[mənelepon]
belletje (telefoontje)	panggilan telepon	[paŋgilan telepon]
een nummer draaien	memutar nomor telepon	[memutar nomor telepon]
Hallo!	Halo!	[halo!]
vragen (ww)	bertanya	[bərtanja]
antwoorden (ww)	menjawab	[məndʒⁱawab]
horen (ww)	mendengar	[məndeŋar]

goed (bw)	**baik**	[baj']
slecht (bw)	**buruk, jelek**	[buruk], [ʤ'ele']
storingen (mv.)	**bising, gangguan**	[bisiŋ], [gaŋguan]
hoorn (de)	**gagang**	[gagaŋ]
opnemen (ww)	**mengangkat telepon**	[məŋaŋkat telepon]
ophangen (ww)	**menutup telepon**	[mənutup telepon]
bezet (bn)	**sibuk**	[sibu']
overgaan (ww)	**berdering**	[berderiŋ]
telefoonboek (het)	**buku telepon**	[buku telepon]
lokaal (bn)	**lokal**	[lokal]
lokaal gesprek (het)	**panggilan lokal**	[paŋgilan lokal]
interlokaal (bn)	**interlokal**	[interlokal]
interlokaal gesprek (het)	**panggilan interlokal**	[paŋgilan interlokal]
buitenlands (bn)	**internasional**	[internasional]
buitenlands gesprek (het)	**panggilan internasional**	[paŋgilan internasional]

45. Mobiele telefoon

mobieltje (het)	**ponsel**	[ponsel]
scherm (het)	**layar**	[lajar]
toets, knop (de)	**kenop**	[kenop]
simkaart (de)	**kartu SIM**	[kartu sim]
batterij (de)	**baterai**	[bateraj]
leeg zijn (ww)	**mati**	[mati]
acculader (de)	**pengisi baterai, pengecas**	[peŋisi bateraj], [peŋetʃas]
menu (het)	**menu**	[menu]
instellingen (mv.)	**penyetelan**	[penjetelan]
melodie (beltoon)	**nada panggil**	[nada paŋgil]
selecteren (ww)	**memilih**	[memilih]
rekenmachine (de)	**kalkulator**	[kalkulator]
voicemail (de)	**penjawab telepon**	[penʤ'awab telepon]
wekker (de)	**weker**	[weker]
contacten (mv.)	**buku telepon**	[buku telepon]
SMS-bericht (het)	**pesan singkat**	[pesan siŋkat]
abonnee (de)	**pelanggan**	[pelaŋgan]

46. Schrijfbehoeften

balpen (de)	**bolpen**	[bolpen]
vulpen (de)	**pena celup**	[pena ʧelup]
potlood (het)	**pensil**	[pensil]
marker (de)	**spidol**	[spidol]
viltstift (de)	**spidol**	[spidol]
notitieboekje (het)	**buku catatan**	[buku ʧatatan]

agenda (boekje)	agenda	[agenda]
liniaal (de/het)	mistar, penggaris	[mistar], [peŋgaris]
rekenmachine (de)	kalkulator	[kalkulator]
gom (de)	karet penghapus	[karet peŋhapus]
punaise (de)	paku payung	[paku pajuŋ]
paperclip (de)	penjepit kertas	[pendʒiepit kertas]
lijm (de)	lem	[lem]
nietmachine (de)	stapler	[stapler]
perforator (de)	alat pelubang kertas	[alat pelubaŋ kertas]
potloodslijper (de)	rautan pensil	[rautan pensil]

47. Vreemde talen

taal (de)	bahasa	[bahasa]
vreemd (bn)	asing	[asiŋ]
vreemde taal (de)	bahasa asing	[bahasa asiŋ]
leren (bijv. van buiten ~)	mempelajari	[mempeladʒiari]
studeren (Nederlands ~)	belajar	[beladʒiar]
lezen (ww)	membaca	[membatʃa]
spreken (ww)	berbicara	[berbitʃara]
begrijpen (ww)	mengerti	[meŋerti]
schrijven (ww)	menulis	[menulis]
snel (bw)	cepat, fasih	[tʃepat], [fasih]
langzaam (bw)	perlahan-lahan	[perlahan-lahan]
vloeiend (bw)	fasih	[fasih]
regels (mv.)	peraturan	[peraturan]
grammatica (de)	tatabahasa	[tatabahasa]
vocabulaire (het)	kosakata	[kosakata]
fonetiek (de)	fonetik	[foneti?]
leerboek (het)	buku pelajaran	[buku peladʒiaran]
woordenboek (het)	kamus	[kamus]
leerboek (het) voor zelfstudie	buku autodidak	[buku autodida?]
taalgids (de)	panduan percakapan	[panduan pertʃakapan]
cassette (de)	kaset	[kaset]
videocassette (de)	kaset video	[kaset video]
CD (de)	cakram kompak	[tʃakram kompa?]
DVD (de)	cakram DVD	[tʃakram di-vi-di]
alfabet (het)	alfabet, abjad	[alfabet], [abdʒiad]
spellen (ww)	mengeja	[meŋedʒia]
uitspraak (de)	pelafalan	[pelafalan]
accent (het)	aksen	[aksen]
met een accent (bw)	dengan aksen	[deŋan aksen]
zonder accent (bw)	tanpa aksen	[tanpa aksen]
woord (het)	kata	[kata]
betekenis (de)	arti	[arti]

cursus (de)	**kursus**	[kursus]
zich inschrijven (ww)	**Mendaftar**	[məndaftar]
leraar (de)	**guru**	[guru]
vertaling (een ~ maken)	**penerjemahan**	[penerdʒˈemahan]
vertaling (tekst)	**terjemahan**	[tərdʒˈemahan]
vertaler (de)	**penerjemah**	[penerdʒˈemah]
tolk (de)	**juru bahasa**	[dʒˈuru bahasa]
polyglot (de)	**poliglot**	[poliglot]
geheugen (het)	**memori, daya ingat**	[memori], [daja iŋat]

MAALTIJDEN. RESTAURANT

48. Tafelschikking

lepel (de)	sendok	[sendoʔ]
mes (het)	pisau	[pisau]
vork (de)	garpu	[garpu]
kopje (het)	cangkir	[ʧaŋkir]
bord (het)	piring	[piriŋ]
schoteltje (het)	alas cangkir	[alas ʧaŋkir]
servet (het)	serbet	[serbet]
tandenstoker (de)	tusuk gigi	[tusuʔ gigi]

49. Restaurant

restaurant (het)	restoran	[restoran]
koffiehuis (het)	warung kopi	[waruŋ kopi]
bar (de)	bar	[bar]
tearoom (de)	warung teh	[waruŋ teh]
kelner, ober (de)	pelayan lelaki	[pelajan lelaki]
serveerster (de)	pelayan perempuan	[pelajan perempuan]
barman (de)	pelayan bar	[pelajan bar]
menu (het)	menu	[menu]
wijnkaart (de)	daftar anggur	[daftar aŋgur]
een tafel reserveren	memesan meja	[memesan medʒʲa]
gerecht (het)	masakan, hidangan	[masakan], [hidaŋan]
bestellen (eten ~)	memesan	[memesan]
een bestelling maken	memesan	[memesan]
aperitief (de/het)	aperitif	[aperitif]
voorgerecht (het)	makanan ringan	[makanan riŋan]
dessert (het)	hidangan penutup	[hidaŋan penutup]
rekening (de)	bon	[bon]
de rekening betalen	membayar bon	[membajar bon]
wisselgeld teruggeven	memberikan uang kembalian	[memberikan uaŋ kembalian]
fooi (de)	tip	[tip]

50. Maaltijden

eten (het)	makanan	[makanan]
eten (ww)	makan	[makan]

ontbijt (het)	makan pagi, sarapan	[makan pagi], [sarapan]
ontbijten (ww)	sarapan	[sarapan]
lunch (de)	makan siang	[makan siaŋ]
lunchen (ww)	makan siang	[makan siaŋ]
avondeten (het)	makan malam	[makan malam]
souperen (ww)	makan malam	[makan malam]

eetlust (de)	nafsu makan	[nafsu makan]
Eet smakelijk!	Selamat makan!	[selamat makan!]

openen (een fles ~)	membuka	[membuka]
morsen (koffie, enz.)	menumpahkan	[mənumpahkan]

koken (water kookt bij 100°C)	mendidih	[məndidih]
koken (Hoe om water te ~)	mendidihkan	[məndidihkan]
gekookt (~ water)	masak	[masaʔ]
afkoelen (koeler maken)	mendinginkan	[məndiŋinkan]
afkoelen (koeler worden)	mendingin	[məndiŋin]

smaak (de)	rasa	[rasa]
nasmaak (de)	nuansa rasa	[nuansa rasa]

volgen een dieet	berdiet	[berdiet]
dieet (het)	diet, pola makan	[diet], [pola makan]
vitamine (de)	vitamin	[vitamin]
calorie (de)	kalori	[kalori]
vegetariër (de)	vegetarian	[vegetarian]
vegetarisch (bn)	vegetarian	[vegetarian]

vetten (mv.)	lemak	[lemaʔ]
eiwitten (mv.)	protein	[protein]
koolhydraten (mv.)	karbohidrat	[karbohidrat]

snede (de)	irisan	[irisan]
stuk (bijv. een ~ taart)	potongan	[potoŋan]
kruimel (de)	remah	[remah]

51. Bereide gerechten

gerecht (het)	masakan, hidangan	[masakan], [hidaŋan]
keuken (bijv. Franse ~)	masakan	[masakan]
recept (het)	resep	[resep]
portie (de)	porsi	[porsi]

salade (de)	salada	[salada]
soep (de)	sup	[sup]

bouillon (de)	kaldu	[kaldu]
boterham (de)	roti lapis	[roti lapis]
spiegelei (het)	telur mata sapi	[telur mata sapi]

hamburger (de)	hamburger	[hamburger]
biefstuk (de)	bistik	[bistiʔ]
garnering (de)	lauk	[lauʔ]

spaghetti (de)	**spageti**	[spageti]
aardappelpuree (de)	**kentang tumbuk**	[kentaŋ tumbuʔ]
pizza (de)	**piza**	[piza]
pap (de)	**bubur**	[bubur]
omelet (de)	**telur dadar**	[telur dadar]

gekookt (in water)	**rebus**	[rebus]
gerookt (bn)	**asap**	[asap]
gebakken (bn)	**goreng**	[goreŋ]
gedroogd (bn)	**kering**	[keriŋ]
diepvries (bn)	**beku**	[beku]
gemarineerd (bn)	**marinade**	[marinade]

zoet (bn)	**manis**	[manis]
gezouten (bn)	**asin**	[asin]
koud (bn)	**dingin**	[diŋin]
heet (bn)	**panas**	[panas]
bitter (bn)	**pahit**	[pahit]
lekker (bn)	**enak**	[enaʔ]

koken (in kokend water)	**merebus**	[merebus]
bereiden (avondmaaltijd ~)	**memasak**	[memasaʔ]
bakken (ww)	**menggoreng**	[məŋgoreŋ]
opwarmen (ww)	**memanaskan**	[memanaskan]

zouten (ww)	**menggarami**	[məŋgarami]
peperen (ww)	**membubuh merica**	[membubuh meritʃa]
raspen (ww)	**memarut**	[memarut]
schil (de)	**kulit**	[kulit]
schillen (ww)	**mengupas**	[məŋupas]

52. Voedsel

vlees (het)	**daging**	[dagiŋ]
kip (de)	**ayam**	[ajam]
kuiken (het)	**anak ayam**	[anaʔ ajam]
eend (de)	**bebek**	[bebeʔ]
gans (de)	**angsa**	[aŋsa]
wild (het)	**binatang buruan**	[binataŋ buruan]
kalkoen (de)	**kalkun**	[kalkun]

varkensvlees (het)	**daging babi**	[dagiŋ babi]
kalfsvlees (het)	**daging anak sapi**	[dagiŋ anaʔ sapi]
schapenvlees (het)	**daging domba**	[dagiŋ domba]
rundvlees (het)	**daging sapi**	[dagiŋ sapi]
konijnenvlees (het)	**kelinci**	[kelintʃi]

worst (de)	**sosis**	[sosis]
saucijs (de)	**sosis**	[sosis]
spek (het)	**bakon**	[beykon]
ham (de)	**ham, daging kornet**	[ham], [dagiŋ kornet]
gerookte achterham (de)	**ham**	[ham]
paté, pastei (de)	**pasta**	[pasta]
lever (de)	**hati**	[hati]

gehakt (het)	daging giling	[dagiŋ giliŋ]
tong (de)	lidah	[lidah]
ei (het)	telur	[telur]
eieren (mv.)	telur	[telur]
eiwit (het)	putih telur	[putih telur]
eigeel (het)	kuning telur	[kuniŋ telur]
vis (de)	ikan	[ikan]
zeevruchten (mv.)	makanan laut	[makanan laut]
schaaldieren (mv.)	krustasea	[krustasea]
kaviaar (de)	caviar	[kaviar]
krab (de)	kepiting	[kepitiŋ]
garnaal (de)	udang	[udaŋ]
oester (de)	tiram	[tiram]
langoest (de)	lobster berduri	[lobster berduri]
octopus (de)	gurita	[gurita]
inktvis (de)	cumi-cumi	[ʧumi-ʧumi]
steur (de)	ikan sturgeon	[ikan sturʤien]
zalm (de)	salmon	[salmon]
heilbot (de)	ikan turbot	[ikan turbot]
kabeljauw (de)	ikan kod	[ikan kod]
makreel (de)	ikan kembung	[ikan kembuŋ]
tonijn (de)	tuna	[tuna]
paling (de)	belut	[belut]
forel (de)	ikan forel	[ikan forel]
sardine (de)	sarden	[sarden]
snoek (de)	ikan pike	[ikan paik]
haring (de)	ikan haring	[ikan hariŋ]
brood (het)	roti	[roti]
kaas (de)	keju	[keʤiu]
suiker (de)	gula	[gula]
zout (het)	garam	[garam]
rijst (de)	beras, nasi	[beras], [nasi]
pasta (de)	makaroni	[makaroni]
noedels (mv.)	mi	[mi]
boter (de)	mentega	[mentega]
plantaardige olie (de)	minyak nabati	[minja' nabati]
zonnebloemolie (de)	minyak bunga matahari	[minja' buŋa matahari]
margarine (de)	margarin	[margarin]
olijven (mv.)	buah zaitun	[buah zajtun]
olijfolie (de)	minyak zaitun	[minja' zajtun]
melk (de)	susu	[susu]
gecondenseerde melk (de)	susu kental	[susu kental]
yoghurt (de)	yogurt	[yogurt]
zure room (de)	krim asam	[krim asam]
room (de)	krim, kepala susu	[krim], [kepala susu]

| mayonaise (de) | mayones | [majones] |
| crème (de) | krim | [krim] |

graan (het)	menir	[menir]
meel (het), bloem (de)	tepung	[tepuŋ]
conserven (mv.)	makanan kalengan	[makanan kaleŋan]

maïsvlokken (mv.)	emping jagung	[empiŋ dʒⁱaguŋ]
honing (de)	madu	[madu]
jam (de)	selai	[selaj]
kauwgom (de)	permen karet	[pərmen karet]

53. Drankjes

water (het)	air	[air]
drinkwater (het)	air minum	[air minum]
mineraalwater (het)	air mineral	[air mineral]

zonder gas	tanpa gas	[tanpa gas]
koolzuurhoudend (bn)	berkarbonasi	[bərkarbonasi]
bruisend (bn)	bergas	[bərgas]
IJs (het)	es	[es]
met ijs	dengan es	[deŋan es]

alcohol vrij (bn)	tanpa alkohol	[tanpa alkohol]
alcohol vrije drank (de)	minuman ringan	[minuman riŋan]
frisdrank (de)	minuman penygar	[minuman penigar]
limonade (de)	limun	[limun]

alcoholische dranken (mv.)	minoman beralkohol	[minoman bəralkohol]
wijn (de)	anggur	[aŋgur]
witte wijn (de)	anggur putih	[aŋgur putih]
rode wijn (de)	anggur merah	[aŋgur merah]

likeur (de)	likeur	[likeur]
champagne (de)	sampanye	[sampanje]
vermout (de)	vermouth	[vermut]

whisky (de)	wiski	[wiski]
wodka (de)	vodka	[vodka]
gin (de)	jin, jenewer	[dʒin], [dʒⁱenewer]
cognac (de)	konyak	[konjaʔ]
rum (de)	rum	[rum]

koffie (de)	kopi	[kopi]
zwarte koffie (de)	kopi pahit	[kopi pahit]
koffie (de) met melk	kopi susu	[kopi susu]
cappuccino (de)	cappuccino	[kaputʃino]
oploskoffie (de)	kopi instan	[kopi instan]

melk (de)	susu	[susu]
cocktail (de)	koktail	[koktajl]
milkshake (de)	susu kocok	[susu kotʃoʔ]
sap (het)	jus	[dʒⁱus]

tomatensap (het)	jus tomat	[dʒius tomat]
sinaasappelsap (het)	jus jeruk	[dʒius dʒieruʔ]
vers geperst sap (het)	jus peras	[dʒius pəras]

bier (het)	bir	[bir]
licht bier (het)	bir putih	[bir putih]
donker bier (het)	bir hitam	[bir hitam]

thee (de)	teh	[teh]
zwarte thee (de)	teh hitam	[teh hitam]
groene thee (de)	teh hijau	[teh hidʒiau]

54. Groenten

| groenten (mv.) | sayuran | [sajuran] |
| verse kruiden (mv.) | sayuran hijau | [sajuran hidʒiau] |

tomaat (de)	tomat	[tomat]
augurk (de)	mentimun, ketimun	[məntimun], [ketimun]
wortel (de)	wortel	[wortel]
aardappel (de)	kentang	[kentaŋ]
ui (de)	bawang	[bawaŋ]
knoflook (de)	bawang putih	[bawaŋ putih]

| kool (de) | kol | [kol] |
| bloemkool (de) | kembang kol | [kembaŋ kol] |

| spruitkool (de) | kol Brussels | [kol brusels] |
| broccoli (de) | brokoli | [brokoli] |

rode biet (de)	ubi bit merah	[ubi bit merah]
aubergine (de)	terung, terong	[teruŋ], [təroŋ]
courgette (de)	labu siam	[labu siam]

| pompoen (de) | labu | [labu] |
| raap (de) | turnip | [turnip] |

peterselie (de)	peterseli	[peterseli]
dille (de)	adas sowa	[adas sowa]
sla (de)	selada	[selada]
selderij (de)	seledri	[seledri]

| asperge (de) | asparagus | [asparagus] |
| spinazie (de) | bayam | [bajam] |

| erwt (de) | kacang polong | [katʃaŋ poloŋ] |
| bonen (mv.) | kacang-kacangan | [katʃaŋ-katʃaŋan] |

| maïs (de) | jagung | [dʒiaguŋ] |
| boon (de) | kacang buncis | [katʃaŋ buntʃis] |

peper (de)	cabai	[tʃabaj]
radijs (de)	radis	[radis]
artisjok (de)	artisyok	[artiʃoʔ]

55. Vruchten. Noten

vrucht (de)	buah	[buah]
appel (de)	apel	[apel]
peer (de)	pir	[pir]
citroen (de)	jeruk sitrun	[ʤ¹eru' sitrun]
sinaasappel (de)	jeruk manis	[ʤ¹eru' manis]
aardbei (de)	stroberi	[stroberi]
mandarijn (de)	jeruk mandarin	[ʤ¹eru' mandarin]
pruim (de)	plum	[plum]
perzik (de)	persik	[persi']
abrikoos (de)	aprikot	[aprikot]
framboos (de)	buah frambus	[buah frambus]
ananas (de)	nanas	[nanas]
banaan (de)	pisang	[pisaŋ]
watermeloen (de)	semangka	[semaŋka]
druif (de)	buah anggur	[buah aŋgur]
zure kers (de)	buah ceri asam	[buah ʧeri asam]
zoete kers (de)	buah ceri manis	[buah ʧeri manis]
meloen (de)	melon	[melon]
grapefruit (de)	jeruk Bali	[ʤ¹eru' bali]
avocado (de)	avokad	[avokad]
papaja (de)	pepaya	[pepaja]
mango (de)	mangga	[maŋga]
granaatappel (de)	buah delima	[buah delima]
rode bes (de)	redcurrant	[redkaren]
zwarte bes (de)	blackcurrant	[ble'karen]
kruisbes (de)	buah arbei hijau	[buah arbei hiʤ¹au]
bosbes (de)	buah bilberi	[buah bilberi]
braambes (de)	beri hitam	[beri hitam]
rozijn (de)	kismis	[kismis]
vijg (de)	buah ara	[buah ara]
dadel (de)	buah kurma	[buah kurma]
pinda (de)	kacang tanah	[katʃaŋ tanah]
amandel (de)	badam	[badam]
walnoot (de)	buah walnut	[buah walnut]
hazelnoot (de)	kacang hazel	[katʃaŋ hazel]
kokosnoot (de)	buah kelapa	[buah kelapa]
pistaches (mv.)	badam hijau	[badam hiʤ¹au]

56. Brood. Snoep

suikerbakkerij (de)	kue-mue	[kue-mue]
brood (het)	roti	[roti]
koekje (het)	biskuit	[biskuit]
chocolade (de)	cokelat	[ʧokelat]
chocolade- (abn)	cokelat	[ʧokelat]

snoepje (het)	permen	[pərmen]
cakeje (het)	kue	[kue]
taart (bijv. verjaardags~)	kue tar	[kue tar]

| pastei (de) | pai | [pai] |
| vulling (de) | inti | [inti] |

confituur (de)	selai buah utuh	[selaj buah utuh]
marmelade (de)	marmelade	[marmelade]
wafel (de)	wafel	[wafel]
IJsje (het)	es krim	[es krim]
pudding (de)	puding	[pudiŋ]

57. Kruiden

zout (het)	garam	[garam]
gezouten (bn)	asin	[asin]
zouten (ww)	menggarami	[məŋgarami]

zwarte peper (de)	merica	[meritʃa]
rode peper (de)	cabai merah	[tʃabaj merah]
mosterd (de)	mustar	[mustar]
mierikswortel (de)	lobak pedas	[loba' pedas]

condiment (het)	bumbu	[bumbu]
specerij , kruiderij (de)	rempah-rempah	[rempah-rempah]
saus (de)	saus	[saus]
azijn (de)	cuka	[tʃuka]

anijs (de)	adas manis	[adas manis]
basilicum (de)	selasih	[selasih]
kruidnagel (de)	cengkih	[tʃeŋkih]
gember (de)	jahe	[dʒ'ahe]
koriander (de)	ketumbar	[ketumbar]
kaneel (de/het)	kayu manis	[kaju manis]

sesamzaad (het)	wijen	[widʒ'en]
laurierblad (het)	daun salam	[daun salam]
paprika (de)	cabai	[tʃabaj]
komijn (de)	jintan	[dʒintan]
saffraan (de)	kuma-kuma	[kuma-kuma]

PERSOONLIJKE INFORMATIE. FAMILIE

58. Persoonlijke informatie. Formulieren

naam (de)	nama, nama depan	[nama], [nama depan]
achternaam (de)	nama keluarga	[nama keluarga]
geboortedatum (de)	tanggal lahir	[taŋgal lahir]
geboorteplaats (de)	tempat lahir	[tempat lahir]
nationaliteit (de)	kebangsaan	[kebaŋsaʾan]
woonplaats (de)	tempat tinggal	[tempat tiŋgal]
land (het)	negara, negeri	[negara], [negeri]
beroep (het)	profesi	[profesi]
geslacht (ov. het vrouwelijk ~)	jenis kelamin	[ʤenis kelamin]
lengte (de)	tinggi badan	[tiŋgi badan]
gewicht (het)	berat	[berat]

59. Familieleden. Verwanten

moeder (de)	ibu	[ibu]
vader (de)	ayah	[ajah]
zoon (de)	anak lelaki	[anaʾ lelaki]
dochter (de)	anak perempuan	[anaʾ pərempuan]
jongste dochter (de)	anak perempuan bungsu	[anaʾ pərempuan buŋsu]
jongste zoon (de)	anak lelaki bungsu	[anaʾ lelaki buŋsu]
oudste dochter (de)	anak perempuan sulung	[anaʾ pərempuan suluŋ]
oudste zoon (de)	anak lelaki sulung	[anaʾ lelaki suluŋ]
broer (de)	saudara lelaki	[saudara lelaki]
oudere broer (de)	kakak lelaki	[kakaʾ lelaki]
jongere broer (de)	adik lelaki	[adiʾ lelaki]
zuster (de)	saudara perempuan	[saudara pərempuan]
oudere zuster (de)	kakak perempuan	[kakaʾ pərempuan]
jongere zuster (de)	adik perempuan	[adiʾ pərempuan]
neef (zoon van oom, tante)	sepupu lelaki	[sepupu lelaki]
nicht (dochter van oom, tante)	sepupu perempuan	[sepupu pərempuan]
mama (de)	mama, ibu	[mama], [ibu]
papa (de)	papa, ayah	[papa], [ajah]
ouders (mv.)	orang tua	[oraŋ tua]
kind (het)	anak	[anaʾ]
kinderen (mv.)	anak-anak	[anaʾ-anaʾ]
oma (de)	nenek	[neneʾ]
opa (de)	kakek	[kakeʾ]

kleinzoon (de)	cucu laki-laki	[ʧuʧu laki-laki]
kleindochter (de)	cucu perempuan	[ʧuʧu pərempuan]
kleinkinderen (mv.)	cucu	[ʧuʧu]
oom (de)	paman	[paman]
tante (de)	bibi	[bibi]
neef (zoon van broer, zus)	keponakan laki-laki	[keponakan laki-laki]
nicht (dochter van broer ,zus)	keponakan perempuan	[keponakan pərempuan]
schoonmoeder (de)	ibu mertua	[ibu mertua]
schoonvader (de)	ayah mertua	[ajah mertua]
schoonzoon (de)	menantu laki-laki	[mənantu laki-laki]
stiefmoeder (de)	ibu tiri	[ibu tiri]
stiefvader (de)	ayah tiri	[ajah tiri]
zuigeling (de)	bayi	[baji]
wiegenkind (het)	bayi	[baji]
kleuter (de)	bocah cilik	[boʧah ʧiliʔ]
vrouw (de)	istri	[istri]
man (de)	suami	[suami]
echtgenoot (de)	suami	[suami]
echtgenote (de)	istri	[istri]
gehuwd (mann.)	menikah, beristri	[mənikah], [bəristri]
gehuwd (vrouw.)	menikah, bersuami	[mənikah], [bərsuami]
ongehuwd (mann.)	bujang	[budʒʲaŋ]
vrijgezel (de)	bujang	[budʒʲaŋ]
gescheiden (bn)	bercerai	[bərʧeraj]
weduwe (de)	janda	[dʒʲanda]
weduwnaar (de)	duda	[duda]
familielid (het)	kerabat	[kerabat]
dichte familielid (het)	kerabat dekat	[kerabat dekat]
verre familielid (het)	kerabat jauh	[kerabat dʒʲauh]
familieleden (mv.)	kerabat, sanak saudara	[kerabat], [sanaʔ saudara]
wees (de), weeskind (het)	yatim piatu	[yatim piatu]
voogd (de)	wali	[wali]
adopteren (een jongen te ~)	mengadopsi	[məŋadopsi]
adopteren (een meisje te ~)	mengadopsi	[məŋadopsi]

60. Vrienden. Collega's

vriend (de)	sahabat	[sahabat]
vriendin (de)	sahabat	[sahabat]
vriendschap (de)	persahabatan	[pərsahabatan]
bevriend zijn (ww)	bersahabat	[bərsahabat]
makker (de)	teman	[teman]
vriendin (de)	teman	[teman]
partner (de)	mitra	[mitra]
chef (de)	atasan	[atasan]
baas (de)	atasan	[atasan]

eigenaar (de)	**pemilik**	[pemili’]
ondergeschikte (de)	**bawahan**	[bawahan]
collega (de)	**kolega**	[kolega]
kennis (de)	**kenalan**	[kenalan]
medereiziger (de)	**rekan seperjalanan**	[rekan seperdʒ‘alanan]
klasgenoot (de)	**teman sekelas**	[teman sekelas]
buurman (de)	**tetangga**	[tetaŋga]
buurvrouw (de)	**tetangga**	[tetaŋga]
buren (mv.)	**para tetangga**	[para tetaŋga]

MENSELIJK LICHAAM. GENEESKUNDE

61. Hoofd

hoofd (het)	kepala	[kepala]
gezicht (het)	wajah	[waʤiah]
neus (de)	hidung	[hiduŋ]
mond (de)	mulut	[mulut]
oog (het)	mata	[mata]
ogen (mv.)	mata	[mata]
pupil (de)	pupil, biji mata	[pupil], [biʤi mata]
wenkbrauw (de)	alis	[alis]
wimper (de)	bulu mata	[bulu mata]
ooglid (het)	kelopak mata	[kelopaʔ mata]
tong (de)	lidah	[lidah]
tand (de)	gigi	[gigi]
lippen (mv.)	bibir	[bibir]
jukbeenderen (mv.)	tulang pipi	[tulaŋ pipi]
tandvlees (het)	gusi	[gusi]
gehemelte (het)	langit-langit mulut	[laŋit-laŋit mulut]
neusgaten (mv.)	lubang hidung	[lubaŋ hiduŋ]
kin (de)	dagu	[dagu]
kaak (de)	rahang	[rahaŋ]
wang (de)	pipi	[pipi]
voorhoofd (het)	dahi	[dahi]
slaap (de)	pelipis	[pelipis]
oor (het)	telinga	[teliŋa]
achterhoofd (het)	tengkuk	[teŋkuʔ]
hals (de)	leher	[leher]
keel (de)	tenggorok	[teŋgoroʔ]
haren (mv.)	rambut	[rambut]
kapsel (het)	tatanan rambut	[tatanan rambut]
haarsnit (de)	potongan rambut	[potoŋan rambut]
pruik (de)	wig, rambut palsu	[wig], [rambut palsu]
snor (de)	kumis	[kumis]
baard (de)	janggut	[ʤiaŋgut]
dragen (een baard, enz.)	memelihara	[memelihara]
vlecht (de)	kepang	[kepaŋ]
bakkebaarden (mv.)	brewok	[brewoʔ]
ros (roodachtig, rossig)	merah pirang	[merah piraŋ]
grijs (~ haar)	beruban	[beruban]
kaal (bn)	botak, plontos	[botak], [plontos]
kale plek (de)	botak	[botaʔ]

| paardenstaart (de) | ekor kuda | [ekor kuda] |
| pony (de) | poni rambut | [poni rambut] |

62. Menselijk lichaam

| hand (de) | tangan | [taŋan] |
| arm (de) | lengan | [leŋan] |

vinger (de)	jari	[dʒ	ari]
teen (de)	jari	[dʒ	ari]
duim (de)	jempol	[dʒ	empol]
pink (de)	jari kelingking	[dʒ	ari keliŋkiŋ]
nagel (de)	kuku	[kuku]

vuist (de)	kepalan tangan	[kepalan taŋan]
handpalm (de)	telapak	[telapaʔ]
pols (de)	pergelangan	[pərgelaŋan]
voorarm (de)	lengan bawah	[leŋan bawah]
elleboog (de)	siku	[siku]
schouder (de)	bahu	[bahu]

been (rechter ~)	kaki	[kaki]
voet (de)	telapak kaki	[telapaʔ kaki]
knie (de)	lutut	[lutut]
kuit (de)	betis	[betis]
heup (de)	paha	[paha]
hiel (de)	tumit	[tumit]

lichaam (het)	tubuh	[tubuh]
buik (de)	perut	[perut]
borst (de)	dada	[dada]
borst (de)	payudara	[pajudara]
zijde (de)	rusuk	[rusuʔ]
rug (de)	punggung	[puŋguŋ]
lage rug (de)	pinggang bawah	[piŋgaŋ bawah]
taille (de)	pinggang	[piŋgaŋ]

navel (de)	pusar	[pusar]
billen (mv.)	pantat	[pantat]
achterwerk (het)	pantat	[pantat]

huidvlek (de)	tanda lahir	[tanda lahir]
moedervlek (de)	tanda lahir	[tanda lahir]
tatoeage (de)	tato	[tato]
litteken (het)	parut luka	[parut luka]

63. Ziekten

ziekte (de)	penyakit	[penjakit]
ziek zijn (ww)	sakit	[sakit]
gezondheid (de)	kesehatan	[kesehatan]
snotneus (de)	hidung meler	[hiduŋ meler]

angina (de)	radang tonsil	[radaŋ tonsil]
verkoudheid (de)	pilek, selesma	[pilek], [selesma]
verkouden raken (ww)	masuk angin	[masu' aŋin]
bronchitis (de)	bronkitis	[bronkitis]
longontsteking (de)	radang paru-paru	[radaŋ paru-paru]
griep (de)	flu	[flu]
bijziend (bn)	rabun jauh	[rabun dʒ'auh]
verziend (bn)	rabun dekat	[rabun dekat]
scheelheid (de)	mata juling	[mata dʒ'uliŋ]
scheel (bn)	bermata juling	[bermata dʒ'uliŋ]
grauwe staar (de)	katarak	[katara']
glaucoom (het)	glaukoma	[glaukoma]
beroerte (de)	stroke	[stroke]
hartinfarct (het)	infark	[infar']
myocardiaal infarct (het)	serangan jantung	[seraŋan dʒ'antuŋ]
verlamming (de)	kelumpuhan	[kelumpuhan]
verlammen (ww)	melumpuhkan	[melumpuhkan]
allergie (de)	alergi	[alergi]
astma (de/het)	asma	[asma]
diabetes (de)	diabetes	[diabetes]
tandpijn (de)	sakit gigi	[sakit gigi]
tandbederf (het)	karies	[karies]
diarree (de)	diare	[diare]
constipatie (de)	konstipasi, sembelit	[konstipasi], [sembelit]
maagstoornis (de)	gangguan pencernaan	[gaŋuan pentʃarna'an]
voedselvergiftiging (de)	keracunan makanan	[keratʃunan makanan]
voedselvergiftiging oplopen	keracunan makanan	[keratʃunan makanan]
artritis (de)	artritis	[artritis]
rachitis (de)	rakitis	[rakitis]
reuma (het)	rematik	[remati']
arteriosclerose (de)	aterosklerosis	[aterosklerosis]
gastritis (de)	radang perut	[radaŋ perut]
blindedarmontsteking (de)	apendisitis	[apendisitis]
galblaasontsteking (de)	radang pundi empedu	[radaŋ pundi empedu]
zweer (de)	tukak lambung	[tuka' lambuŋ]
mazelen (mv.)	penyakit campak	[penjakit tʃampa']
rodehond (de)	penyakit campak Jerman	[penjakit tʃampa' dʒ'erman]
geelzucht (de)	sakit kuning	[sakit kuniŋ]
leverontsteking (de)	hepatitis	[hepatitis]
schizofrenie (de)	skizofrenia	[skizofrenia]
dolheid (de)	rabies	[rabies]
neurose (de)	neurosis	[neurosis]
hersenschudding (de)	gegar otak	[gegar ota']
kanker (de)	kanker	[kanker]
sclerose (de)	sklerosis	[sklerosis]

multiple sclerose (de)	sklerosis multipel	[sklerosis multipel]
alcoholisme (het)	alkoholisme	[alkoholisme]
alcoholicus (de)	alkoholik	[alkoholi']
syfilis (de)	sifilis	[sifilis]
AIDS (de)	AIDS	[ajds]
tumor (de)	tumor	[tumor]
kwaadaardig (bn)	ganas	[ganas]
goedaardig (bn)	jinak	[dʒina']
koorts (de)	demam	[demam]
malaria (de)	malaria	[malaria]
gangreen (het)	gangren	[gaŋren]
zeeziekte (de)	mabuk laut	[mabu' laut]
epilepsie (de)	epilepsi	[epilepsi]
epidemie (de)	epidemi	[epidemi]
tyfus (de)	tifus	[tifus]
tuberculose (de)	tuberkulosis	[tuberkulosis]
cholera (de)	kolera	[kolera]
pest (de)	penyakit pes	[penjakit pes]

64. Symptomen. Behandelingen. Deel 1

symptoom (het)	gejala	[gedʒ'ala]
temperatuur (de)	temperatur, suhu	[temperatur], [suhu]
verhoogde temperatuur (de)	temperatur tinggi	[temperatur tiŋgi]
polsslag (de)	denyut nadi	[denyut nadi]
duizeling (de)	rasa pening	[rasa peniŋ]
heet (erg warm)	panas	[panas]
koude rillingen (mv.)	menggigil	[məŋgigil]
bleek (bn)	pucat	[putʃat]
hoest (de)	batuk	[batu']
hoesten (ww)	batuk	[batu']
niezen (ww)	bersin	[bersin]
flauwte (de)	pingsan	[piŋsan]
flauwvallen (ww)	jatuh pingsan	[dʒ'atuh piŋsan]
blauwe plek (de)	luka memar	[luka memar]
buil (de)	bengkak	[beŋka']
zich stoten (ww)	terantuk	[tərantu']
kneuzing (de)	luka memar	[luka memar]
kneuzen (gekneusd zijn)	kena luka memar	[kena luka memar]
hinken (ww)	pincang	[pintʃaŋ]
verstuiking (de)	keseleo	[keseleo]
verstuiken (enkel, enz.)	keseleo	[keseleo]
breuk (de)	fraktura, patah tulang	[fraktura], [patah tulaŋ]
een breuk oplopen	patah tulang	[patah tulaŋ]
snijwond (de)	teriris	[təriris]
zich snijden (ww)	teriris	[təriris]

bloeding (de)	perdarahan	[pərdarahan]
brandwond (de)	luka bakar	[luka bakar]
zich branden (ww)	menderita luka bakar	[mənderita luka bakar]

prikken (ww)	menusuk	[mənusuʔ]
zich prikken (ww)	tertusuk	[tərtusuʔ]
blesseren (ww)	melukai	[melukaj]
blessure (letsel)	cedera	[tʃedera]
wond (de)	luka	[luka]
trauma (het)	trauma	[trauma]

IJlen (ww)	mengigau	[məɲigau]
stotteren (ww)	gagap	[gagap]
zonnesteek (de)	sengatan matahari	[seŋatan matahari]

65. Symptomen. Behandelingen. Deel 2

| pijn (de) | sakit | [sakit] |
| splinter (de) | selumbar | [selumbar] |

zweet (het)	keringat	[keriŋat]
zweten (ww)	berkeringat	[bərkeriŋat]
braking (de)	muntah	[muntah]
stuiptrekkingen (mv.)	kram	[kram]

zwanger (bn)	hamil	[hamil]
geboren worden (ww)	lahir	[lahir]
geboorte (de)	persalinan	[pərsalinan]
baren (ww)	melahirkan	[melahirkan]
abortus (de)	aborsi	[aborsi]

ademhaling (de)	pernapasan	[pərnapasan]
inademing (de)	tarikan napas	[tarikan napas]
uitademing (de)	napas keluar	[napas keluar]
uitademen (ww)	mengembuskan napas	[məŋembuskan napas]
inademen (ww)	menarik napas	[mənariʔ napas]

invalide (de)	penderita cacat	[penderita tʃatʃat]
gehandicapte (de)	penderita cacat	[penderita tʃatʃat]
drugsverslaafde (de)	pecandu narkoba	[petʃandu narkoba]

doof (bn)	tunarungu	[tunaruŋu]
stom (bn)	tunawicara	[tunawitʃara]
doofstom (bn)	tunarungu-wicara	[tunaruŋu-witʃara]

krankzinnig (bn)	gila	[gila]
krankzinnige (man)	lelaki gila	[lelaki gila]
krankzinnige (vrouw)	perempuan gila	[pərempuan gila]
krankzinnig worden	menggila	[məŋgila]

gen (het)	gen	[gen]
immuniteit (de)	imunitas	[imunitas]
erfelijk (bn)	turun-temurun	[turun-temurun]
aangeboren (bn)	bawaan	[bawaʔan]

virus (het)	virus	[virus]
microbe (de)	mikroba	[mikroba]
bacterie (de)	bakteri	[bakteri]
infectie (de)	infeksi	[infeksi]

66. Symptomen. Behandelingen. Deel 3

ziekenhuis (het)	rumah sakit	[rumah sakit]
patiënt (de)	pasien	[pasien]

diagnose (de)	diagnosis	[diagnosis]
genezing (de)	perawatan	[perawatan]
medische behandeling (de)	pengobatan medis	[peŋobatan medis]
onder behandeling zijn	berobat	[berobat]
behandelen (ww)	merawat	[merawat]
zorgen (zieken ~)	merawat	[merawat]
ziekenzorg (de)	pengasuhan	[peŋasuhan]

operatie (de)	operasi, pembedahan	[operasi], [pembedahan]
verbinden (een arm ~)	membalut	[membalut]
verband (het)	pembalutan	[pembalutan]

vaccin (het)	vaksinasi	[vaksinasi]
inenten (vaccineren)	memvaksinasi	[memvaksinasi]
injectie (de)	suntikan	[suntikan]
een injectie geven	menyuntik	[menyunti']

aanval (de)	serangan	[seraŋan]
amputatie (de)	amputasi	[amputasi]
amputeren (ww)	mengamputasi	[meŋamputasi]
coma (het)	koma	[koma]
in coma liggen	dalam keadaan koma	[dalam keada'an koma]
intensieve zorg, ICU (de)	perawatan intensif	[perawatan intensif]

zich herstellen (ww)	sembuh	[sembuh]
toestand (de)	keadaan	[keada'an]
bewustzijn (het)	kesadaran	[kesadaran]
geheugen (het)	memori, daya ingat	[memori], [daja iŋat]

trekken (een kies ~)	mencabut	[mentʃabut]
vulling (de)	tambalan	[tambalan]
vullen (ww)	menambal	[menambal]

hypnose (de)	hipnosis	[hipnosis]
hypnotiseren (ww)	menghipnosis	[meŋhipnosis]

67. Geneeskunde. Medicijnen. Accessoires

geneesmiddel (het)	obat	[obat]
middel (het)	obat	[obat]
voorschrijven (ww)	meresepkan	[meresepkan]
recept (het)	resep	[resep]

tablet (de/het)	pil, tablet	[pil], [tablet]
zalf (de)	salep	[salep]
ampul (de)	ampul	[ampul]
drank (de)	obat cair	[obat t͡ʃajr]
siroop (de)	sirop	[sirop]
pil (de)	pil	[pil]
poeder (de/het)	bubuk	[bubu']

verband (het)	perban	[perban]
watten (mv.)	kapas	[kapas]
jodium (het)	iodium	[iodium]

pleister (de)	plester obat	[plester obat]
pipet (de)	tetes mata	[tetes mata]
thermometer (de)	termometer	[tərmometər]
spuit (de)	alat suntik	[alat sunti']

| rolstoel (de) | kursi roda | [kursi roda] |
| krukken (mv.) | kruk | [kru'] |

pijnstiller (de)	obat bius	[obat bius]
laxeermiddel (het)	laksatif, obat pencuci perut	[laksatif], [obat pent͡ʃut͡ʃi pərut]
spiritus (de)	spiritus, alkohol	[spiritus], [alkohol]
medicinale kruiden (mv.)	tanaman obat	[tanaman obat]
kruiden- (abn)	herbal	[herbal]

APPARTEMENT

68. Appartement

appartement (het)	apartemen	[apartemen]
kamer (de)	kamar	[kamar]
slaapkamer (de)	kamar tidur	[kamar tidur]
eetkamer (de)	ruang makan	[ruaŋ makan]
salon (de)	ruang tamu	[ruaŋ tamu]
studeerkamer (de)	ruang kerja	[ruaŋ kerdʒa]
gang (de)	ruang depan	[ruaŋ depan]
badkamer (de)	kamar mandi	[kamar mandi]
toilet (het)	kamar kecil	[kamar ketʃil]
plafond (het)	plafon, langit-langit	[plafon], [laŋit-laŋit]
vloer (de)	lantai	[lantaj]
hoek (de)	sudut	[sudut]

69. Meubels. Interieur

meubels (mv.)	mebel	[mebel]
tafel (de)	meja	[medʒa]
stoel (de)	kursi	[kursi]
bed (het)	ranjang	[randʒaŋ]
bankstel (het)	dipan	[dipan]
fauteuil (de)	kursi malas	[kursi malas]
boekenkast (de)	lemari buku	[lemari buku]
boekenrek (het)	rak	[ra']
kledingkast (de)	lemari pakaian	[lemari pakajan]
kapstok (de)	kapstok	[kapsto']
staande kapstok (de)	kapstok berdiri	[kapsto' berdiri]
commode (de)	lemari laci	[lemari latʃi]
salontafeltje (het)	meja kopi	[medʒa kopi]
spiegel (de)	cermin	[tʃermin]
tapijt (het)	permadani	[permadani]
tapijtje (het)	karpet kecil	[karpet ketʃil]
haard (de)	perapian	[perapian]
kaars (de)	lilin	[lilin]
kandelaar (de)	kaki lilin	[kaki lilin]
gordijnen (mv.)	gorden	[gorden]
behang (het)	kertas dinding	[kertas dindiŋ]

jaloezie (de)	kerai	[keraj]
bureaulamp (de)	lampu meja	[lampu medʒ¡a]
wandlamp (de)	lampu dinding	[lampu dindiŋ]
staande lamp (de)	lampu lantai	[lampu lantaj]
luchter (de)	lampu bercabang	[lampu bərtʃabaŋ]

poot (ov. een tafel, enz.)	kaki	[kaki]
armleuning (de)	lengan	[leŋan]
rugleuning (de)	sandaran	[sandaran]
la (de)	laci	[latʃi]

70. Beddengoed

beddengoed (het)	kain kasur	[kain kasur]
kussen (het)	bantal	[bantal]
kussenovertrek (de)	sarung bantal	[saruŋ bantal]
deken (de)	selimut	[selimut]
laken (het)	seprai	[sepraj]
sprei (de)	selubung kasur	[selubuŋ kasur]

71. Keuken

keuken (de)	dapur	[dapur]
gas (het)	gas	[gas]
gasfornuis (het)	kompor gas	[kompor gas]
elektrisch fornuis (het)	kompor listrik	[kompor listriʔ]
oven (de)	oven	[oven]
magnetronoven (de)	microwave	[majkrowav]

koelkast (de)	lemari es, kulkas	[lemari es], [kulkas]
diepvriezer (de)	lemari pembeku	[lemari pembeku]
vaatwasmachine (de)	mesin pencuci piring	[mesin pentʃutʃi piriŋ]

vleesmolen (de)	alat pelumat daging	[alat pelumat dagiŋ]
vruchtenpers (de)	mesin sari buah	[mesin sari buah]
toaster (de)	aiat pemanggang roti	[alat pemaŋgaŋ roti]
mixer (de)	pencampur	[pentʃampur]

koffiemachine (de)	mesin pembuat kopi	[mesin pembuat kopi]
koffiepot (de)	teko kopi	[teko kopi]
koffiemolen (de)	mesin penggiling kopi	[mesin peŋgiliŋ kopi]

fluitketel (de)	cerek	[tʃereʔ]
theepot (de)	teko	[teko]
deksel (de/het)	tutup	[tutup]
theezeefje (het)	saringan teh	[sariŋan teh]

lepel (de)	sendok	[sendoʔ]
theelepeltje (het)	sendok teh	[sendo' teh]
eetlepel (de)	sendok makan	[sendo' makan]
vork (de)	garpu	[garpu]
mes (het)	pisau	[pisau]

vaatwerk (het)	piring mangkuk	[piriŋ maŋkuˀ]
bord (het)	piring	[piriŋ]
schoteltje (het)	alas cangkir	[alas ʧaŋkir]
likeurglas (het)	seloki	[seloki]
glas (het)	gelas	[gelas]
kopje (het)	cangkir	[ʧaŋkir]
suikerpot (de)	wadah gula	[wadah gula]
zoutvat (het)	wadah garam	[wadah garam]
pepervat (het)	wadah merica	[wadah meriʧa]
boterschaaltje (het)	wadah mentega	[wadah mentega]
steelpan (de)	panci	[panʧi]
bakpan (de)	kuali	[kuali]
pollepel (de)	sudu	[sudu]
vergiet (de/het)	saringan	[sariŋan]
dienblad (het)	talam	[talam]
fles (de)	botol	[botol]
glazen pot (de)	gelas	[gelas]
blik (conserven~)	kaleng	[kaleŋ]
flesopener (de)	pembuka botol	[pembuka botol]
blikopener (de)	pembuka kaleng	[pembuka kaleŋ]
kurkentrekker (de)	kotrek	[kotreˀ]
filter (de/het)	saringan	[sariŋan]
filteren (ww)	saringan	[sariŋan]
huisvuil (het)	sampah	[sampah]
vuilnisemmer (de)	tong sampah	[toŋ sampah]

72. Badkamer

badkamer (de)	kamar mandi	[kamar mandi]
water (het)	air	[air]
kraan (de)	keran	[keran]
warm water (het)	air panas	[air panas]
koud water (het)	air dingin	[air diŋin]
tandpasta (de)	pasta gigi	[pasta gigi]
tanden poetsen (ww)	menggosok gigi	[məŋgosoˀ gigi]
tandenborstel (de)	sikat gigi	[sikat gigi]
zich scheren (ww)	bercukur	[bərʧukur]
scheercrème (de)	busa cukur	[busa ʧukur]
scheermes (het)	pisau cukur	[pisau ʧukur]
wassen (ww)	mencuci	[mənʧuʧi]
een bad nemen	mandi	[mandi]
douche (de)	pancuran	[panʧuran]
een douche nemen	mandi pancuran	[mandi panʧuran]
bad (het)	bak mandi	[baˀ mandi]
toiletpot (de)	kloset	[kloset]

wastafel (de)	**wastafel**	[wastafel]
zeep (de)	**sabun**	[sabun]
zeepbakje (het)	**wadah sabun**	[wadah sabun]

spons (de)	**spons**	[spons]
shampoo (de)	**sampo**	[sampo]
handdoek (de)	**handuk**	[handuʔ]
badjas (de)	**jubah mandi**	[ʤubah mandi]

was (bijv. handwas)	**pencucian**	[penʧuʧian]
wasmachine (de)	**mesin cuci**	[mesin ʧuʧi]
de was doen	**mencuci**	[menʧuʧi]
waspoeder (de)	**deterjen cuci**	[deterʤen ʧuʧi]

73. Huishoudelijke apparaten

televisie (de)	**pesawat TV**	[pesawat ti-vi]
cassettespeler (de)	**alat perekam**	[alat perekam]
videorecorder (de)	**video, VCR**	[vidio], [vi-si-er]
radio (de)	**radio**	[radio]
speler (de)	**pemutar**	[pemutar]

videoprojector (de)	**proyektor video**	[proektor video]
home theater systeem (het)	**bioskop rumah**	[bioskop rumah]
DVD-speler (de)	**pemutar DVD**	[pemutar di-vi-di]
versterker (de)	**penguat**	[peŋuat]
spelconsole (de)	**konsol permainan video**	[konsol permajnan video]

videocamera (de)	**kamera video**	[kamera video]
fotocamera (de)	**kamera**	[kamera]
digitale camera (de)	**kamera digital**	[kamera digital]

stofzuiger (de)	**pengisap debu**	[peŋisap debu]
strijkijzer (het)	**setrika**	[setrika]
strijkplank (de)	**papan setrika**	[papan setrika]

telefoon (de)	**telepon**	[telepon]
mobieltje (het)	**ponsel**	[ponsel]
schrijfmachine (de)	**mesin ketik**	[mesin ketiʔ]
naaimachine (de)	**mesin jahit**	[mesin ʤahit]

microfoon (de)	**mikrofon**	[mikrofon]
koptelefoon (de)	**headphone, fonkepala**	[headphone], [fonkepala]
afstandsbediening (de)	**panel kendali**	[panel kendali]

CD (de)	**cakram kompak**	[ʧakram kompaʔ]
cassette (de)	**kaset**	[kaset]
vinylplaat (de)	**piringan hitam**	[piriŋan hitam]

DE AARDE. WEER

74. De kosmische ruimte

kosmos (de)	angkasa	[aŋkasa]
kosmisch (bn)	angkasa	[aŋkasa]
kosmische ruimte (de)	ruang angkasa	[ruaŋ aŋkasa]
wereld (de)	dunia	[dunia]
heelal (het)	jagat raya	[dʒagat raja]
sterrenstelsel (het)	galaksi	[galaksi]
ster (de)	bintang	[bintaŋ]
sterrenbeeld (het)	gugusan bintang	[gugusan bintaŋ]
planeet (de)	planet	[planet]
satelliet (de)	satelit	[satelit]
meteoriet (de)	meteorit	[meteorit]
komeet (de)	komet	[komet]
asteroïde (de)	asteroid	[asteroid]
baan (de)	orbit	[orbit]
draaien (om de zon, enz.)	berputar	[berputar]
atmosfeer (de)	atmosfer	[atmosfer]
Zon (de)	matahari	[matahari]
zonnestelsel (het)	tata surya	[tata surja]
zonsverduistering (de)	gerhana matahari	[gerhana matahari]
Aarde (de)	Bumi	[bumi]
Maan (de)	Bulan	[bulan]
Mars (de)	Mars	[mars]
Venus (de)	Venus	[venus]
Jupiter (de)	Yupiter	[yupiter]
Saturnus (de)	Saturnus	[saturnus]
Mercurius (de)	Merkurius	[merkurius]
Uranus (de)	Uranus	[uranus]
Neptunus (de)	Neptunus	[neptunus]
Pluto (de)	Pluto	[pluto]
Melkweg (de)	Bimasakti	[bimasakti]
Grote Beer (de)	Ursa Major	[ursa madʒor]
Poolster (de)	Bintang Utara	[bintaŋ utara]
marsmannetje (het)	makhluk Mars	[mahlu' mars]
buitenaards wezen (het)	makhluk ruang angkasa	[mahlu' ruaŋ aŋkasa]
bovenaards (het)	alien, makhluk asing	[alien], [mahlu' asiŋ]
vliegende schotel (de)	piring terbang	[piriŋ terbaŋ]
ruimtevaartuig (het)	kapal antariksa	[kapal antariksa]

ruimtestation (het)	stasiun antariksa	[stasiun antariksa]
start (de)	peluncuran	[peluntʃuran]
motor (de)	mesin	[mesin]
straalpijp (de)	nosel	[nosel]
brandstof (de)	bahan bakar	[bahan bakar]
cabine (de)	kokpit	[kokpit]
antenne (de)	antena	[antena]
patrijspoort (de)	jendela	[dʒʲendela]
zonnebatterij (de)	sel surya	[sel surja]
ruimtepak (het)	pakaian antariksa	[pakajan antariksa]
gewichtloosheid (de)	keadaan tanpa bobot	[keadaʔan tanpa bobot]
zuurstof (de)	oksigen	[oksigen]
koppeling (de)	penggabungan	[peŋgabuŋan]
koppeling maken	bergabung	[bərgabuŋ]
observatorium (het)	observatorium	[observatorium]
telescoop (de)	teleskop	[teleskop]
waarnemen (ww)	mengamati	[məŋamati]
exploreren (ww)	mengeksplorasi	[məŋeksplorasi]

75. De Aarde

Aarde (de)	Bumi	[bumi]
aardbol (de)	bola Bumi	[bola bumi]
planeet (de)	planet	[planet]
atmosfeer (de)	atmosfer	[atmosfer]
aardrijkskunde (de)	geografi	[geografi]
natuur (de)	alam	[alam]
wereldbol (de)	globe	[globe]
kaart (de)	peta	[peta]
atlas (de)	atlas	[atlas]
Europa (het)	Eropa	[eropa]
Azië (het)	Asia	[asia]
Afrika (het)	Afrika	[afrika]
Australië (het)	Australia	[australia]
Amerika (het)	Amerika	[amerika]
Noord-Amerika (het)	Amerika Utara	[amerika utara]
Zuid-Amerika (het)	Amerika Selatan	[amerika selatan]
Antarctica (het)	Antartika	[antartika]
Arctis (de)	Arktika	[arktika]

76. Windrichtingen

noorden (het)	utara	[utara]
naar het noorden	ke utara	[ke utara]

in het noorden	di utara	[di utara]
noordelijk (bn)	utara	[utara]
zuiden (het)	selatan	[selatan]
naar het zuiden	ke selatan	[ke selatan]
in het zuiden	di selatan	[di selatan]
zuidelijk (bn)	selatan	[selatan]
westen (het)	barat	[barat]
naar het westen	ke barat	[ke barat]
in het westen	di barat	[di barat]
westelijk (bn)	barat	[barat]
oosten (het)	timur	[timur]
naar het oosten	ke timur	[ke timur]
in het oosten	di timur	[di timur]
oostelijk (bn)	timur	[timur]

77. Zee. Oceaan

zee (de)	laut	[laut]
oceaan (de)	samudra	[samudra]
golf (baai)	teluk	[teluꞋ]
straat (de)	selat	[selat]
grond (vaste grond)	daratan	[daratan]
continent (het)	benua	[benua]
eiland (het)	pulau	[pulau]
schiereiland (het)	semenanjung, jazirah	[semenandʒiuŋ], [dʒiazirah]
archipel (de)	kepulauan	[kepulauan]
baai, bocht (de)	teluk	[teluꞋ]
haven (de)	pelabuhan	[pelabuhan]
lagune (de)	laguna	[laguna]
kaap (de)	tanjung	[tandʒiuŋ]
atol (de)	pulau karang	[pulau karaŋ]
rif (het)	terumbu	[terumbu]
koraal (het)	karang	[karaŋ]
koraalrif (het)	terumbu karang	[terumbu karaŋ]
diep (bn)	dalam	[dalam]
diepte (de)	kedalaman	[kedalaman]
diepzee (de)	jurang	[dʒiuraŋ]
trog (bijv. Marianentrog)	palung	[paluŋ]
stroming (de)	arus	[arus]
omspoelen (ww)	berbatasan dengan	[berbatasan deŋan]
oever (de)	pantai	[pantaj]
kust (de)	pantai	[pantaj]
vloed (de)	air pasang	[air pasaŋ]
eb (de)	air surut	[air surut]

ondiepte (ondiep water)	**beting**	[betiŋ]
bodem (de)	**dasar**	[dasar]
golf (hoge ~)	**gelombang**	[gelombaŋ]
golfkam (de)	**puncak gelombang**	[puntʃaʔ gelombaŋ]
schuim (het)	**busa, buih**	[busa], [buih]
storm (de)	**badai**	[badaj]
orkaan (de)	**topan**	[topan]
tsunami (de)	**tsunami**	[tsunami]
windstilte (de)	**angin tenang**	[aŋin tenaŋ]
kalm (bijv. ~e zee)	**tenang**	[tenaŋ]
pool (de)	**kutub**	[kutub]
polair (bn)	**kutub**	[kutub]
breedtegraad (de)	**lintang**	[lintaŋ]
lengtegraad (de)	**garis bujur**	[garis budʒʲur]
parallel (de)	**sejajar**	[sedʒʲadʒʲar]
evenaar (de)	**khatulistiwa**	[hatulistiwa]
hemel (de)	**langit**	[laŋit]
horizon (de)	**horizon**	[horizon]
lucht (de)	**udara**	[udara]
vuurtoren (de)	**mercusuar**	[mertʃusuar]
duiken (ww)	**menyelam**	[menjelam]
zinken (ov. een boot)	**karam**	[karam]
schatten (mv.)	**harta karun**	[harta karun]

78. Namen van zeeën en oceanen

Atlantische Oceaan (de)	**Samudra Atlantik**	[samudra atlantiʔ]
Indische Oceaan (de)	**Samudra Hindia**	[samudra hindia]
Stille Oceaan (de)	**Samudra Pasifik**	[samudra pasifiʔ]
Noordelijke IJszee (de)	**Samudra Arktik**	[samudra arktiʔ]
Zwarte Zee (de)	**Laut Hitam**	[laut hitam]
Rode Zee (de)	**Laut Merah**	[laut merah]
Gele Zee (de)	**Laut Kuning**	[laut kuniŋ]
Witte Zee (de)	**Laut Putih**	[laut putih]
Kaspische Zee (de)	**Laut Kaspia**	[laut kaspia]
Dode Zee (de)	**Laut Mati**	[laut mati]
Middellandse Zee (de)	**Laut Tengah**	[laut teŋah]
Egeïsche Zee (de)	**Laut Aegean**	[laut aegean]
Adriatische Zee (de)	**Laut Adriatik**	[laut adriatiʔ]
Arabische Zee (de)	**Laut Arab**	[laut arab]
Japanse Zee (de)	**Laut Jepang**	[laut dʒʲepaŋ]
Beringzee (de)	**Laut Bering**	[laut beriŋ]
Zuid-Chinese Zee (de)	**Laut Cina Selatan**	[laut tʃina selatan]
Koraalzee (de)	**Laut Karang**	[laut karaŋ]

Tasmanzee (de)	**Laut Tasmania**	[laut tasmania]
Caribische Zee (de)	**Laut Karibia**	[laut karibia]
Barentszzee (de)	**Laut Barents**	[laut barents]
Karische Zee (de)	**Laut Kara**	[laut kara]
Noordzee (de)	**Laut Utara**	[laut utara]
Baltische Zee (de)	**Laut Baltik**	[laut balti']
Noorse Zee (de)	**Laut Norwegia**	[laut norwegia]

79. Bergen

berg (de)	**gunung**	[gunuŋ]
bergketen (de)	**jajaran gunung**	[dʒ'adʒ'aran gunuŋ]
gebergte (het)	**sisir gunung**	[sisir gunuŋ]
bergtop (de)	**puncak**	[puntʃa']
bergpiek (de)	**puncak**	[puntʃa']
voet (ov. de berg)	**kaki**	[kaki]
helling (de)	**lereng**	[lereŋ]
vulkaan (de)	**gunung api**	[gunuŋ api]
actieve vulkaan (de)	**gunung api yang aktif**	[gunuŋ api yaŋ aktif]
uitgedoofde vulkaan (de)	**gunung api yang tidak aktif**	[gunuŋ api yaŋ tida' aktif]
uitbarsting (de)	**erupsi, letusan**	[erupsi], [letusan]
krater (de)	**kawah**	[kawah]
magma (het)	**magma**	[magma]
lava (de)	**lava, lahar**	[lava], [lahar]
gloeiend (~e lava)	**pijar**	[pidʒ'ar]
kloof (canyon)	**kanyon**	[kanjon]
bergkloof (de)	**jurang**	[dʒ'uraŋ]
spleet (de)	**celah**	[tʃelah]
afgrond (de)	**jurang**	[dʒ'uraŋ]
bergpas (de)	**pass, celah**	[pass], [tʃelah]
plateau (het)	**plato, dataran tinggi**	[plato], [dataran tiŋgi]
klip (de)	**tebing**	[tebiŋ]
heuvel (de)	**bukit**	[bukit]
gletsjer (de)	**gletser**	[gletser]
waterval (de)	**air terjun**	[air tərdʒ'un]
geiser (de)	**geiser**	[geyser]
meer (het)	**danau**	[danau]
vlakte (de)	**dataran**	[dataran]
landschap (het)	**landskap**	[landskap]
echo (de)	**gema**	[gema]
alpinist (de)	**pendaki gunung**	[pendaki gunuŋ]
bergbeklimmer (de)	**pemanjat tebing**	[pemandʒ'at tebiŋ]
trotseren (berg ~)	**menaklukkan**	[mənaklu'kan]
beklimming (de)	**pendakian**	[pendakian]

80. Bergen namen

Alpen (de)	Alpen	[alpen]
Mont Blanc (de)	Mont Blanc	[mon blan]
Pyreneeën (de)	Pirenia	[pirenia]
Karpaten (de)	Pegunungan Karpatia	[pegununan karpatia]
Oeralgebergte (het)	Pegunungan Ural	[pegununan ural]
Kaukasus (de)	Kaukasus	[kaukasus]
Elbroes (de)	Elbrus	[elbrus]
Altaj (de)	Altai	[altaj]
Tiensjan (de)	Tien Shan	[tjen ʃan]
Pamir (de)	Pegunungan Pamir	[pegununan pamir]
Himalaya (de)	Himalaya	[himalaja]
Everest (de)	Everest	[everest]
Andes (de)	Andes	[andes]
Kilimanjaro (de)	Kilimanjaro	[kilimandʒˈaro]

81. Rivieren

rivier (de)	sungai	[suŋaj]
bron (~ van een rivier)	mata air	[mata air]
rivierbedding (de)	badan sungai	[badan suŋaj]
rivierbekken (het)	basin	[basin]
uitmonden in ...	mengalir ke ...	[məŋalir ke ...]
zijrivier (de)	anak sungai	[ana' suŋaj]
oever (de)	tebing sungai	[tebiŋ suŋaj]
stroming (de)	arus	[arus]
stroomafwaarts (bw)	ke hilir	[ke hilir]
stroomopwaarts (bw)	ke hulu	[ke hulu]
overstroming (de)	banjir	[bandʒir]
overstroming (de)	banjir	[bandʒir]
buiten zijn oevers treden	membanjiri	[membandʒiri]
overstromen (ww)	membanjiri	[membandʒiri]
zandbank (de)	beting	[betiŋ]
stroomversnelling (de)	jeram	[dʒˈeram]
dam (de)	dam, bendungan	[dam], [bendunan]
kanaal (het)	kanal, terusan	[kanal], [tərusan]
spaarbekken (het)	waduk	[wadu']
sluis (de)	pintu air	[pintu air]
waterlichaam (het)	kolam	[kolam]
moeras (het)	rawa	[rawa]
broek (het)	bencah, paya	[bentʃah], [paja]
draaikolk (de)	pusaran air	[pusaran air]
stroom (de)	selokan	[selokan]

drink- (abn)	minum	[minum]
zoet (~ water)	tawar	[tawar]

IJs (het)	es	[es]
bevriezen (rivier, enz.)	membeku	[membeku]

82. Namen van rivieren

Seine (de)	Seine	[seine]
Loire (de)	Loire	[loire]

Theems (de)	Thames	[tems]
Rijn (de)	Rein	[reyn]
Donau (de)	Donau	[donau]

Wolga (de)	Volga	[volga]
Don (de)	Don	[don]
Lena (de)	Lena	[lena]

Gele Rivier (de)	Suang Kuning	[suaŋ kuniŋ]
Blauwe Rivier (de)	Yangtze	[yaŋtze]
Mekong (de)	Mekong	[mekoŋ]
Ganges (de)	Gangga	[gaŋga]

Nijl (de)	Sungai Nil	[suŋaj nil]
Kongo (de)	Kongo	[koŋo]
Okavango (de)	Okavango	[okavaŋo]
Zambezi (de)	Zambezi	[zambezi]
Limpopo (de)	Limpopo	[limpopo]
Mississippi (de)	Mississippi	[misisipi]

83. Bos

bos (het)	hutan	[hutan]
bos- (abn)	hutan	[hutan]

oerwoud (dicht bos)	hutan lebat	[hutan lebat]
bosje (klein bos)	hutan kecil	[hutan ketʃil]
open plek (de)	pembukaan hutan	[pembuka'an hutan]

struikgewas (het)	semak belukar	[sema' belukar]
struiken (mv.)	belukar	[belukar]

paadje (het)	jalan setapak	[dʒalan setapa']
ravijn (het)	parit	[parit]

boom (de)	pohon	[pohon]
blad (het)	daun	[daun]
gebladerte (het)	daun-daunan	[daun-daunan]

vallende bladeren (mv.)	daun berguguran	[daun berguguran]
vallen (ov. de bladeren)	luruh	[luruh]

boomtop (de)	puncak	[puntʃaʔ]
tak (de)	cabang	[tʃabaŋ]
ent (de)	dahan	[dahan]
knop (de)	tunas	[tunas]
naald (de)	daun jarum	[daun dʒiarum]
dennenappel (de)	buah pinus	[buah pinus]
boom holte (de)	lubang pohon	[lubaŋ pohon]
nest (het)	sarang	[saraŋ]
hol (het)	lubang	[lubaŋ]
stam (de)	batang	[bataŋ]
wortel (bijv. boom~s)	akar	[akar]
schors (de)	kulit	[kulit]
mos (het)	lumut	[lumut]
ontwortelen (een boom)	mencabut	[məntʃabut]
kappen (een boom ~)	menebang	[mənebaŋ]
ontbossen (ww)	deforestasi, penggundulan hutan	[deforestasi], [peŋgundulan hutan]
stronk (de)	tunggul	[tuŋgul]
kampvuur (het)	api unggun	[api uŋgun]
bosbrand (de)	kebakaran hutan	[kebakaran hutan]
blussen (ww)	memadamkan	[memadamkan]
boswachter (de)	penjaga hutan	[pendʒaga hutan]
bescherming (de)	perlindungan	[pərlinduŋan]
beschermen (bijv. de natuur ~)	melindungi	[melinduŋi]
stroper (de)	pemburu ilegal	[pemburu ilegal]
val (de)	perangkap	[pəraŋkap]
plukken (vruchten, enz.)	memetik	[memetiʔ]
verdwalen (de weg kwijt zijn)	tersesat	[tərsesat]

84. Natuurlijke hulpbronnen

natuurlijke rijkdommen (mv.)	sumber daya alam	[sumber daja alam]
delfstoffen (mv.)	bahan tambang	[bahan tambaŋ]
lagen (mv.)	endapan	[endapan]
veld (bijv. olie~)	ladang	[ladaŋ]
winnen (uit erts ~)	menambang	[mənambaŋ]
winning (de)	pertambangan	[pərtambaŋan]
erts (het)	bijih	[bidʒih]
mijn (bijv. kolenmijn)	tambang	[tambaŋ]
mijnschacht (de)	sumur tambang	[sumur tambaŋ]
mijnwerker (de)	penambang	[penambaŋ]
gas (het)	gas	[gas]
gasleiding (de)	pipa saluran gas	[pipa saluran gas]
olie (aardolie)	petroleum, minyak	[petroleum], [minjaʔ]
olieleiding (de)	pipa saluran minyak	[pipa saluran minjaʔ]

oliebron (de)	sumur minyak	[sumur minjaʔ]
boortoren (de)	menara bor minyak	[mənara bor minjaʔ]
tanker (de)	kapal tangki	[kapal taŋki]

zand (het)	pasir	[pasir]
kalksteen (de)	batu kapur	[batu kapur]
grind (het)	kerikil	[kerikil]
veen (het)	gambut	[gambut]
klei (de)	tanah liat	[tanah liat]
steenkool (de)	arang	[araŋ]

IJzer (het)	besi	[besi]
goud (het)	emas	[emas]
zilver (het)	perak	[peraʔ]
nikkel (het)	nikel	[nikel]
koper (het)	tembaga	[tembaga]

zink (het)	seng	[seŋ]
mangaan (het)	mangan	[maŋan]
kwik (het)	air raksa	[air raksa]
lood (het)	timbal	[timbal]

mineraal (het)	mineral	[mineral]
kristal (het)	kristal, hablur	[kristal], [hablur]
marmer (het)	marmer	[marmer]
uraan (het)	uranium	[uranium]

85. Weer

weer (het)	cuaca	[tʃuatʃa]
weersvoorspelling (de)	prakiraan cuaca	[prakiraʔan tʃuatʃa]
temperatuur (de)	temperatur, suhu	[temperatur], [suhu]
thermometer (de)	termometer	[tərmometər]
barometer (de)	barometer	[barometer]

| vochtig (bn) | lembap | [lembap] |
| vochtigheid (de) | kelembapan | [kelembapan] |

hitte (de)	panas, gerah	[panas], [gerah]
heet (bn)	panas terik	[panas teriʔ]
het is heet	panas	[panas]

| het is warm | hangat | [haŋat] |
| warm (bn) | hangat | [haŋat] |

| het is koud | dingin | [diŋin] |
| koud (bn) | dingin | [diŋin] |

zon (de)	matahari	[matahari]
schijnen (de zon)	bersinar	[bərsinar]
zonnig (~e dag)	cerah	[tʃerah]
opgaan (ov. de zon)	terbit	[terbit]
ondergaan (ww)	terbenam	[tərbenam]
wolk (de)	awan	[awan]

bewolkt (bn)	berawan	[bərawan]
regenwolk (de)	awan mendung	[awan menduŋ]
somber (bn)	mendung	[menduŋ]
regen (de)	hujan	[hudʒʲan]
het regent	hujan turun	[hudʒʲan turun]
regenachtig (bn)	hujan	[hudʒʲan]
motregenen (ww)	gerimis	[gerimis]
plensbui (de)	hujan lebat	[hudʒʲan lebat]
stortbui (de)	hujan lebat	[hudʒʲan lebat]
hard (bn)	lebat	[lebat]
plas (de)	kubangan	[kubaŋan]
nat worden (ww)	kehujanan	[kehudʒʲanan]
mist (de)	kabut	[kabut]
mistig (bn)	berkabut	[bərkabut]
sneeuw (de)	salju	[saldʒʲu]
het sneeuwt	turun salju	[turun saldʒʲu]

86. Zwaar weer. Natuurrampen

noodweer (storm)	hujan badai	[hudʒʲan badaj]
bliksem (de)	kilat	[kilat]
flitsen (ww)	berkilau	[bərkilau]
donder (de)	petir	[petir]
donderen (ww)	bergemuruh	[bərgemuruh]
het dondert	bergemuruh	[bərgemuruh]
hagel (de)	hujan es	[hudʒʲan es]
het hagelt	hujan es	[hudʒʲan es]
overstromen (ww)	membanjiri	[membandʒiri]
overstroming (de)	banjir	[bandʒir]
aardbeving (de)	gempa bumi	[gempa bumi]
aardschok (de)	gempa	[gempa]
epicentrum (het)	episentrum	[episentrum]
uitbarsting (de)	erupsi, letusan	[erupsi], [letusan]
lava (de)	lava, lahar	[lava], [lahar]
wervelwind (de)	puting beliung	[putiŋ beliuŋ]
windhoos (de)	tornado	[tornado]
tyfoon (de)	topan	[topan]
orkaan (de)	topan	[topan]
storm (de)	badai	[badaj]
tsunami (de)	tsunami	[tsunami]
cycloon (de)	siklon	[siklon]
onweer (het)	cuaca buruk	[tʃuatʃa buru']
brand (de)	kebakaran	[kebakaran]

ramp (de)	**bencana**	[bentʃana]
meteoriet (de)	**meteorit**	[meteorit]
lawine (de)	**longsor**	[loŋsor]
sneeuwverschuiving (de)	**salju longsor**	[saldʒʲu loŋsor]
sneeuwjacht (de)	**badai salju**	[badaj saldʒʲu]
sneeuwstorm (de)	**badai salju**	[badaj saldʒʲu]

FAUNA

87. Zoogdieren. Roofdieren

roofdier (het)	predator, pemangsa	[predator], [pemaŋsa]
tijger (de)	harimau	[harimau]
leeuw (de)	singa	[siŋa]
wolf (de)	serigala	[serigala]
vos (de)	rubah	[rubah]
jaguar (de)	jaguar	[dʒ'aguar]
luipaard (de)	leopard, macan tutul	[leopard], [matʃan tutul]
jachtluipaard (de)	cheetah	[tʃeetah]
panter (de)	harimau kumbang	[harimau kumbaŋ]
poema (de)	singa gunung	[siŋa gunuŋ]
sneeuwluipaard (de)	harimau bintang salju	[harimau bintaŋ saldʒ'u]
lynx (de)	lynx	[links]
coyote (de)	koyote	[koyot]
jakhals (de)	jakal	[dʒ'akal]
hyena (de)	hiena	[hiena]

88. Wilde dieren

dier (het)	binatang	[binataŋ]
beest (het)	binatang buas	[binataŋ buas]
eekhoorn (de)	bajing	[badʒiŋ]
egel (de)	landak susu	[landa' susu]
haas (de)	terwelu	[tərwelu]
konijn (het)	kelinci	[kelintʃi]
das (de)	luak	[lua']
wasbeer (de)	rakun	[rakun]
hamster (de)	hamster	[hamster]
marmot (de)	marmut	[marmut]
mol (de)	tikus mondok	[tikus mondo']
muis (de)	tikus	[tikus]
rat (de)	tikus besar	[tikus besar]
vleermuis (de)	kelelawar	[kelelawar]
hermelijn (de)	ermin	[ermin]
sabeldier (het)	sabel	[sabel]
marter (de)	marten	[marten]
wezel (de)	musang	[musaŋ]
nerts (de)	cerpelai	[tʃerpelaj]

bever (de)	beaver	[beaver]
otter (de)	berang-berang	[bəraŋ-bəraŋ]
paard (het)	kuda	[kuda]
eland (de)	rusa besar	[rusa besar]
hert (het)	rusa	[rusa]
kameel (de)	unta	[unta]
bizon (de)	bison	[bison]
oeros (de)	aurochs	[oroks]
buffel (de)	kerbau	[kerbau]
zebra (de)	kuda belang	[kuda belaŋ]
antilope (de)	antelop	[antelop]
ree (de)	kijang	[kidʒʲaŋ]
damhert (het)	rusa	[rusa]
gems (de)	chamois	[ʃemva]
everzwijn (het)	babi hutan jantan	[babi hutan dʒʲantan]
walvis (de)	ikan paus	[ikan paus]
rob (de)	anjing laut	[andʒiŋ laut]
walrus (de)	walrus	[walrus]
zeehond (de)	anjing laut berbulu	[andʒiŋ laut berbulu]
dolfijn (de)	lumba-lumba	[lumba-lumba]
beer (de)	beruang	[beruaŋ]
IJsbeer (de)	beruang kutub	[beruaŋ kutub]
panda (de)	panda	[panda]
aap (de)	monyet	[monjet]
chimpansee (de)	simpanse	[simpanse]
orang-oetan (de)	orang utan	[oraŋ utan]
gorilla (de)	gorila	[gorila]
makaak (de)	kera	[kera]
gibbon (de)	siamang, ungka	[siamaŋ], [uŋka]
olifant (de)	gajah	[gadʒʲah]
neushoorn (de)	badak	[badaʔ]
giraffe (de)	jerapah	[dʒʲerapah]
nijlpaard (het)	kuda nil	[kuda nil]
kangoeroe (de)	kanguru	[kaŋuru]
koala (de)	koala	[koala]
mangoest (de)	garangan	[garaŋan]
chinchilla (de)	chinchilla	[tʃintʃilla]
stinkdier (het)	sigung	[siguŋ]
stekelvarken (het)	landak	[landaʔ]

89. Huisdieren

poes (de)	kucing betina	[kutʃiŋ betina]
kater (de)	kucing jantan	[kutʃiŋ dʒʲantan]
hond (de)	anjing	[andʒiŋ]

paard (het)	**kuda**	[kuda]
hengst (de)	**kuda jantan**	[kuda dʒʲantan]
merrie (de)	**kuda betina**	[kuda betina]
koe (de)	**sapi**	[sapi]
stier (de)	**sapi jantan**	[sapi dʒʲantan]
os (de)	**lembu jantan**	[lembu dʒʲantan]
schaap (het)	**domba**	[domba]
ram (de)	**domba jantan**	[domba dʒʲantan]
geit (de)	**kambing betina**	[kambiŋ betina]
bok (de)	**kambing jantan**	[kambiŋ dʒʲantan]
ezel (de)	**keledai**	[keledaj]
muilezel (de)	**bagal**	[bagal]
varken (het)	**babi**	[babi]
biggetje (het)	**anak babi**	[anaʔ babi]
konijn (het)	**kelinci**	[kelintʃi]
kip (de)	**ayam betina**	[ajam betina]
haan (de)	**ayam jago**	[ajam dʒʲago]
eend (de)	**bebek**	[bebeʔ]
woerd (de)	**bebek jantan**	[bebeʔ dʒʲantan]
gans (de)	**angsa**	[aŋsa]
kalkoen haan (de)	**kalkun jantan**	[kalkun dʒʲantan]
kalkoen (de)	**kalkun betina**	[kalkun betina]
huisdieren (mv.)	**binatang piaraan**	[binataŋ piaraʔan]
tam (bijv. hamster)	**jinak**	[dʒina']
temmen (tam maken)	**menjinakkan**	[mǝndʒinaʔkan]
fokken (bijv. paarden ~)	**membiakkan**	[membiaʔkan]
boerderij (de)	**peternakan**	[peternakan]
gevogelte (het)	**unggas**	[uŋgas]
rundvee (het)	**ternak**	[ternaʔ]
kudde (de)	**kawanan**	[kawanan]
paardenstal (de)	**kandang kuda**	[kandaŋ kuda]
zwijnenstal (de)	**kandang babi**	[kandaŋ babi]
koeienstal (de)	**kandang sapi**	[kandaŋ sapi]
konijnenhok (het)	**sangkar kelinci**	[saŋkar kelintʃi]
kippenhok (het)	**kandang ayam**	[kandaŋ ajam]

90. Vogels

vogel (de)	**burung**	[buruŋ]
duif (de)	**burung dara**	[buruŋ dara]
mus (de)	**burung gereja**	[buruŋ geredʒʲa]
koolmees (de)	**burung tit**	[buruŋ tit]
ekster (de)	**burung murai**	[buruŋ muraj]
raaf (de)	**burung raven**	[buruŋ raven]

kraai (de)	burung gagak	[buruŋ gaga ͈]
kauw (de)	burung gagak kecil	[buruŋ gaga ͈ ketʃil]
roek (de)	burung rook	[buruŋ roo ͈]
eend (de)	bebek	[bebe ͈]
gans (de)	angsa	[aŋsa]
fazant (de)	burung kuau	[buruŋ kuau]
arend (de)	rajawali	[radʒ‛awali]
havik (de)	elang	[elaŋ]
valk (de)	alap-alap	[alap-alap]
gier (de)	hering	[heriŋ]
condor (de)	kondor	[kondor]
zwaan (de)	angsa	[aŋsa]
kraanvogel (de)	burung jenjang	[buruŋ dʒ‛endʒ‛aŋ]
ooievaar (de)	bangau	[baŋau]
papegaai (de)	burung nuri	[buruŋ nuri]
kolibrie (de)	burung kolibri	[buruŋ kolibri]
pauw (de)	burung merak	[buruŋ mera ͈]
struisvogel (de)	burung unta	[buruŋ unta]
reiger (de)	kuntul	[kuntul]
flamingo (de)	burung flamingo	[buruŋ flamiŋo]
pelikaan (de)	pelikan	[pelikan]
nachtegaal (de)	burung bulbul	[buruŋ bulbul]
zwaluw (de)	burung walet	[buruŋ walet]
lijster (de)	burung jalak	[buruŋ dʒ‛ala ͈]
zanglijster (de)	burung jalak suren	[buruŋ dʒ‛ala ͈ suren]
merel (de)	burung jalak hitam	[buruŋ dʒ‛ala ͈ hitam]
gierzwaluw (de)	burung apus-apus	[buruŋ apus-apus]
leeuwerik (de)	burung lark	[buruŋ lar ͈]
kwartel (de)	burung puyuh	[buruŋ puyuh]
specht (de)	burung pelatuk	[buruŋ pelatu ͈]
koekoek (de)	burung kukuk	[buruŋ kuku ͈]
uil (de)	burung hantu	[buruŋ hantu]
oehoe (de)	burung hantu bertanduk	[buruŋ hantu bertandu ͈]
auerhoen (het)	burung murai kayu	[buruŋ muraj kaju]
korhoen (het)	burung belibis hitam	[buruŋ belibis hitam]
patrijs (de)	ayam hutan	[ajam hutan]
spreeuw (de)	burung starling	[buruŋ starliŋ]
kanarie (de)	burung kenari	[buruŋ kenari]
hazelhoen (het)	ayam hutan hazel	[ajam hutan hazel]
vink (de)	burung chaffinch	[buruŋ tʃaffintʃ]
goudvink (de)	burung bullfinch	[buruŋ bullfintʃ]
meeuw (de)	burung camar	[buruŋ tʃamar]
albatros (de)	albatros	[albatros]
pinguïn (de)	penguin	[peŋuin]

91. Vis. Zeedieren

brasem (de)	ikan bream	[ikan bream]
karper (de)	ikan karper	[ikan karper]
baars (de)	ikan tilapia	[ikan tilapia]
meerval (de)	lais junggang	[lajs dʒ'uŋgaŋ]
snoek (de)	ikan pike	[ikan paik]
zalm (de)	salmon	[salmon]
steur (de)	ikan sturgeon	[ikan sturdʒ'en]
haring (de)	ikan haring	[ikan hariŋ]
atlantische zalm (de)	ikan salem	[ikan salem]
makreel (de)	ikan kembung	[ikan kembuŋ]
platvis (de)	ikan sebelah	[ikan sebelah]
snoekbaars (de)	ikan seligi tenggeran	[ikan seligi teŋgeran]
kabeljauw (de)	ikan kod	[ikan kod]
tonijn (de)	tuna	[tuna]
forel (de)	ikan forel	[ikan forel]
paling (de)	belut	[belut]
sidderrog (de)	ikan pari listrik	[ikan pari listriʔ]
murene (de)	belut moray	[belut morey]
piranha (de)	ikan piranha	[ikan piranha]
haai (de)	ikan hiu	[ikan hiu]
dolfijn (de)	lumba-lumba	[lumba-lumba]
walvis (de)	ikan paus	[ikan paus]
krab (de)	kepiting	[kepitiŋ]
kwal (de)	ubur-ubur	[ubur-ubur]
octopus (de)	gurita	[gurita]
zeester (de)	bintang laut	[bintaŋ laut]
zee-egel (de)	landak laut	[landaʔ laut]
zeepaardje (het)	kuda laut	[kuda laut]
oester (de)	tiram	[tiram]
garnaal (de)	udang	[udaŋ]
kreeft (de)	udang karang	[udaŋ karaŋ]
langoest (de)	lobster berduri	[lobster berduri]

92. Amfibieën. Reptielen

slang (de)	ular	[ular]
giftig (slang)	berbisa	[berbisa]
adder (de)	ular viper	[ular viper]
cobra (de)	kobra	[kobra]
python (de)	ular sanca	[ular santʃa]
boa (de)	ular boa	[ular boa]
ringslang (de)	ular tanah	[ular tanah]

ratelslang (de)	**ular derik**	[ular deriʔ]
anaconda (de)	**ular anakonda**	[ular anakonda]
hagedis (de)	**kadal**	[kadal]
leguaan (de)	**iguana**	[iguana]
varaan (de)	**biawak**	[biawaʔ]
salamander (de)	**salamander**	[salamander]
kameleon (de)	**bunglon**	[buŋlon]
schorpioen (de)	**kalajengking**	[kaladʒ'eŋkiŋ]
schildpad (de)	**kura-kura**	[kura-kura]
kikker (de)	**katak**	[kataʔ]
pad (de)	**kodok**	[kodoʔ]
krokodil (de)	**buaya**	[buaja]

93. Insecten

insect (het)	**serangga**	[seraŋga]
vlinder (de)	**kupu-kupu**	[kupu-kupu]
mier (de)	**semut**	[semut]
vlieg (de)	**lalat**	[lalat]
mug (de)	**nyamuk**	[njamuʔ]
kever (de)	**kumbang**	[kumbaŋ]
wesp (de)	**tawon**	[tawon]
bij (de)	**lebah**	[lebah]
hommel (de)	**kumbang**	[kumbaŋ]
horzel (de)	**lalat kerbau**	[lalat kerbau]
spin (de)	**laba-laba**	[laba-laba]
spinnenweb (het)	**sarang laba-laba**	[saraŋ laba-laba]
libel (de)	**capung**	[tʃapuŋ]
sprinkhaan (de)	**belalang**	[belalaŋ]
nachtvlinder (de)	**ngengat**	[ŋeŋat]
kakkerlak (de)	**kecoa**	[ketʃoa]
mijt (de)	**kutu**	[kutu]
vlo (de)	**kutu loncat**	[kutu lontʃat]
kriebelmug (de)	**agas**	[agas]
treksprinkhaan (de)	**belalang**	[belalaŋ]
slak (de)	**siput**	[siput]
krekel (de)	**jangkrik**	[dʒ'aŋkriʔ]
glimworm (de)	**kunang-kunang**	[kunaŋ-kunaŋ]
lieveheersbeestje (het)	**kumbang koksi**	[kumbaŋ koksi]
meikever (de)	**kumbang Cockchafer**	[kumbaŋ kokʃafer]
bloedzuiger (de)	**lintah**	[lintah]
rups (de)	**ulat**	[ulat]
aardworm (de)	**cacing**	[tʃatʃiŋ]
larve (de)	**larva**	[larva]

FLORA

94. Bomen

boom (de)	pohon	[pohon]
loof- (abn)	daun luruh	[daun luruh]
dennen- (abn)	pohon jarum	[pohon dʒarum]
groenblijvend (bn)	selalu hijau	[selalu hidʒau]

appelboom (de)	pohon apel	[pohon apel]
perenboom (de)	pohon pir	[pohon pir]
zoete kers (de)	pohon ceri manis	[pohon tʃeri manis]
zure kers (de)	pohon ceri asam	[pohon tʃeri asam]
pruimelaar (de)	pohon plum	[pohon plum]

berk (de)	pohon berk	[pohon berʔ]
eik (de)	pohon eik	[pohon eiʔ]
linde (de)	pohon linden	[pohon linden]
esp (de)	pohon aspen	[pohon aspen]
esdoorn (de)	pohon mapel	[pohon mapel]

spar (de)	pohon den	[pohon den]
den (de)	pohon pinus	[pohon pinus]
lariks (de)	pohon larch	[pohon lartʃ]
zilverspar (de)	pohon fir	[pohon fir]
ceder (de)	pohon aras	[pohon aras]

populier (de)	pohon poplar	[pohon poplar]
lijsterbes (de)	pohon rowan	[pohon rowan]
wilg (de)	pohon dedalu	[pohon dedalu]
els (de)	pohon alder	[pohon alder]
beuk (de)	pohon nothofagus	[pohon notofagus]
iep (de)	pohon elm	[pohon elm]
es (de)	pohon abu	[pohon abu]
kastanje (de)	kastanye	[kastanje]

magnolia (de)	magnolia	[magnolia]
palm (de)	palem	[palem]
cipres (de)	pokok cipres	[pokoʼ sipres]
mangrove (de)	bakau	[bakau]
baobab (apenbroodboom)	baobab	[baobab]
eucalyptus (de)	kayu putih	[kaju putih]
mammoetboom (de)	sequoia	[sekuoia]

95. Heesters

struik (de)	rumpun	[rumpun]
heester (de)	semak	[semaʔ]

wijnstok (de)	**pohon anggur**	[pohon aŋgur]
wijngaard (de)	**kebun anggur**	[kebun aŋgur]
frambozenstruik (de)	**pohon frambus**	[pohon frambus]
zwarte bes (de)	**pohon blackcurrant**	[pohon ble²karen]
rode bessenstruik (de)	**pohon redcurrant**	[pohon redkaren]
kruisbessenstruik (de)	**pohon arbei hijau**	[pohon arbei hidʒˈau]
acacia (de)	**pohon akasia**	[pohon akasia]
zuurbes (de)	**pohon barberis**	[pohon barberis]
jasmijn (de)	**melati**	[melati]
jeneverbes (de)	**pohon juniper**	[pohon dʒˈuniper]
rozenstruik (de)	**pohon mawar**	[pohon mawar]
hondsroos (de)	**pohon mawar liar**	[pohon mawar liar]

96. Vruchten. Bessen

vrucht (de)	**buah**	[buah]
vruchten (mv.)	**buah-buahan**	[buah-buahan]
appel (de)	**apel**	[apel]
peer (de)	**pir**	[pir]
pruim (de)	**plum**	[plum]
aardbei (de)	**stroberi**	[stroberi]
zure kers (de)	**buah ceri asam**	[buah tʃeri asam]
zoete kers (de)	**buah ceri manis**	[buah tʃeri manis]
druif (de)	**buah anggur**	[buah aŋgur]
framboos (de)	**buah frambus**	[buah frambus]
zwarte bes (de)	**blackcurrant**	[ble²karen]
rode bes (de)	**redcurrant**	[redkaren]
kruisbes (de)	**buah arbei hijau**	[buah arbei hidʒau]
veenbes (de)	**buah kranberi**	[buah kranberi]
sinaasappel (de)	**jeruk manis**	[dʒˈeru² manis]
mandarijn (de)	**jeruk mandarin**	[dʒˈeru² mandarin]
ananas (de)	**nanas**	[nanas]
banaan (de)	**pisang**	[pisaŋ]
dadel (de)	**buah kurma**	[buah kurma]
citroen (de)	**jeruk sitrun**	[dʒˈeru² sitrun]
abrikoos (de)	**aprikot**	[aprikot]
perzik (de)	**persik**	[persi²]
kiwi (de)	**kiwi**	[kiwi]
grapefruit (de)	**jeruk Bali**	[dʒˈeru² bali]
bes (de)	**buah beri**	[buah beri]
bessen (mv.)	**buah-buah beri**	[buah-buah beri]
vossenbes (de)	**buah cowberry**	[buah kowberi]
bosaardbei (de)	**stroberi liar**	[stroberi liar]
bosbes (de)	**buah bilberi**	[buah bilberi]

97. Bloemen. Planten

bloem (de)	bunga	[buŋa]
boeket (het)	buket	[buket]
roos (de)	mawar	[mawar]
tulp (de)	tulip	[tulip]
anjer (de)	bunga anyelir	[buŋa anjelir]
gladiool (de)	bunga gladiol	[buŋa gladiol]
korenbloem (de)	cornflower	[kornflawa]
klokje (het)	bunga lonceng biru	[buŋa lontʃeŋ biru]
paardenbloem (de)	dandelion	[dandelion]
kamille (de)	bunga margrit	[buŋa margrit]
aloë (de)	lidah buaya	[lidah buaja]
cactus (de)	kaktus	[kaktus]
ficus (de)	pohon ara	[pohon ara]
lelie (de)	bunga lili	[buŋa lili]
geranium (de)	geranium	[geranium]
hyacint (de)	bunga bakung lembayung	[buŋa bakuŋ lembajuŋ]
mimosa (de)	putri malu	[putri malu]
narcis (de)	bunga narsis	[buŋa narsis]
Oostindische kers (de)	bunga nasturtium	[buŋa nasturtium]
orchidee (de)	anggrek	[aŋgreʔ]
pioenroos (de)	bunga peoni	[buŋa peoni]
viooltje (het)	bunga violet	[buŋa violet]
driekleurig viooltje (het)	bunga pansy	[buŋa pansi]
vergeet-mij-nietje (het)	bunga jangan-lupakan-daku	[buŋa dʒ¡aŋan-lupakan-daku]
madeliefje (het)	bunga desi	[buŋa desi]
papaver (de)	bunga madat	[buŋa madat]
hennep (de)	rami	[rami]
munt (de)	mint	[min]
lelietje-van-dalen (het)	lili lembah	[lili lembah]
sneeuwklokje (het)	bunga tetesan salju	[buŋa tetesan saldʒ¡u]
brandnetel (de)	jelatang	[dʒ¡elataŋ]
veldzuring (de)	daun sorrel	[daun sorrel]
waterlelie (de)	lili air	[lili air]
varen (de)	pakis	[pakis]
korstmos (het)	lichen	[litʃen]
oranjerie (de)	rumah kaca	[rumah katʃa]
gazon (het)	halaman berumput	[halaman bərumput]
bloemperk (het)	bedeng bunga	[bedeŋ buŋa]
plant (de)	tumbuhan	[tumbuhan]
gras (het)	rumput	[rumput]

grasspriet (de)	**sehelai rumput**	[sehelaj rumput]
blad (het)	**daun**	[daun]
bloemblad (het)	**kelopak**	[kelopaʔ]
stengel (de)	**batang**	[bataŋ]
knol (de)	**ubi**	[ubi]

scheut (de)	**tunas**	[tunas]
doorn (de)	**duri**	[duri]

bloeien (ww)	**berbunga**	[bərbuŋa]
verwelken (ww)	**layu**	[laju]
geur (de)	**bau**	[bau]
snijden (bijv. bloemen ~)	**memotong**	[memotoŋ]
plukken (bloemen ~)	**memetik**	[memetiʔ]

98. Granen, graankorrels

graan (het)	**biji-bijian**	[bidʒi-bidʒian]
graangewassen (mv.)	**padi-padian**	[padi-padian]
aar (de)	**bulir**	[bulir]

tarwe (de)	**gandum**	[gandum]
rogge (de)	**gandum hitam**	[gandum hitam]
haver (de)	**oat**	[oat]
gierst (de)	**jawawut**	[dʒ¡awawut]
gerst (de)	**jelai**	[dʒ¡elaj]

maïs (de)	**jagung**	[dʒ¡aguŋ]
rijst (de)	**beras**	[beras]
boekweit (de)	**buckwheat**	[bakvit]

erwt (de)	**kacang polong**	[katʃaŋ poloŋ]
boon (de)	**kacang buncis**	[katʃaŋ buntʃis]
soja (de)	**kacang kedelai**	[katʃaŋ kedelaj]
linze (de)	**kacang lentil**	[katʃaŋ lentil]
bonen (mv.)	**kacang-kacangan**	[katʃaŋ-katʃaŋan]

LANDEN VAN DE WERELD

99. Landen. Deel 1

Afghanistan (het)	**Afghanistan**	[afganistan]
Albanië (het)	**Albania**	[albania]
Argentinië (het)	**Argentina**	[argentina]
Armenië (het)	**Armenia**	[armenia]
Australië (het)	**Australia**	[australia]
Azerbeidzjan (het)	**Azerbaijan**	[azerbajdʒian]
Bahama's (mv.)	**Kepulauan Bahama**	[kepulauan bahama]
Bangladesh (het)	**Bangladesh**	[baŋladeʃ]
België (het)	**Belgia**	[belgia]
Bolivia (het)	**Bolivia**	[bolivia]
Bosnië en Herzegovina (het)	**Bosnia-Hercegovina**	[bosnia-hersegovina]
Brazilië (het)	**Brasil**	[brasil]
Bulgarije (het)	**Bulgaria**	[bulgaria]
Cambodja (het)	**Kamboja**	[kambodʒia]
Canada (het)	**Kanada**	[kanada]
Chili (het)	**Chili**	[tʃili]
China (het)	**Tiongkok**	[tjoŋkoʔ]
Colombia (het)	**Kolombia**	[kolombia]
Cuba (het)	**Kuba**	[kuba]
Cyprus (het)	**Siprus**	[siprus]
Denemarken (het)	**Denmark**	[denmarʔ]
Dominicaanse Republiek (de)	**Republik Dominika**	[republiʔ dominika]
Duitsland (het)	**Jerman**	[dʒierman]
Ecuador (het)	**Ekuador**	[ekuador]
Egypte (het)	**Mesir**	[mesir]
Engeland (het)	**Inggris**	[iŋgris]
Estland (het)	**Estonia**	[estonia]
Finland (het)	**Finlandia**	[finlandia]
Frankrijk (het)	**Prancis**	[prantʃis]
Frans-Polynesië	**Polinesia Prancis**	[polinesia prantʃis]
Georgië (het)	**Georgia**	[dʒordʒia]
Ghana (het)	**Ghana**	[gana]
Griekenland (het)	**Yunani**	[yunani]
Groot-Brittannië (het)	**Britania Raya**	[britania raja]
Haïti (het)	**Haiti**	[haiti]
Hongarije (het)	**Hongaria**	[hoŋaria]
Ierland (het)	**Irlandia**	[irlandia]
IJsland (het)	**Islandia**	[islandia]
India (het)	**India**	[india]
Indonesië (het)	**Indonesia**	[indonesia]

Irak (het)	**Irak**	[ira']
Iran (het)	**Iran**	[iran]
Israël (het)	**Israel**	[israel]
Italië (het)	**Italia**	[italia]

100. Landen. Deel 2

Jamaica (het)	**Jamaika**	[dʒ'amajka]
Japan (het)	**Jepang**	[dʒ'epaŋ]
Jordanië (het)	**Yordania**	[yordania]
Kazakstan (het)	**Kazakistan**	[kazakstan]
Kenia (het)	**Kenya**	[kenia]
Kirgizië (het)	**Kirgizia**	[kirgizia]
Koeweit (het)	**Kuwait**	[kuweyt]
Kroatië (het)	**Kroasia**	[kroasia]
Laos (het)	**Laos**	[laos]
Letland (het)	**Latvia**	[latvia]
Libanon (het)	**Lebanon**	[lebanon]
Libië (het)	**Libia**	[libia]
Liechtenstein (het)	**Liechtenstein**	[lajhtensteyn]
Litouwen (het)	**Lituania**	[lituania]
Luxemburg (het)	**Luksemburg**	[luksemburg]
Macedonië (het)	**Makedonia**	[makedonia]
Madagaskar (het)	**Madagaskar**	[madagaskar]
Maleisië (het)	**Malaysia**	[malajsia]
Malta (het)	**Malta**	[malta]
Marokko (het)	**Maroko**	[maroko]
Mexico (het)	**Meksiko**	[meksiko]
Moldavië (het)	**Moldova**	[moldova]
Monaco (het)	**Monako**	[monako]
Mongolië (het)	**Mongolia**	[moŋolia]
Montenegro (het)	**Montenegro**	[montenegro]
Myanmar (het)	**Myanmar**	[myanmar]
Namibië (het)	**Namibia**	[namibia]
Nederland (het)	**Belanda**	[belanda]
Nepal (het)	**Nepal**	[nepal]
Nieuw-Zeeland (het)	**Selandia Baru**	[selandia baru]
Noord-Korea (het)	**Korea Utara**	[korea utara]
Noorwegen (het)	**Norwegia**	[norwegia]
Oekraïne (het)	**Ukraina**	[ukrajna]
Oezbekistan (het)	**Uzbekistan**	[uzbekistan]
Oostenrijk (het)	**Austria**	[austria]

101. Landen. Deel 3

Pakistan (het)	**Pakistan**	[pakistan]
Palestijnse autonomie (de)	**Palestina**	[palestina]
Panama (het)	**Panama**	[panama]

Paraguay (het)	Paraguay	[paraguaj]
Peru (het)	Peru	[peru]
Polen (het)	Polandia	[polandia]
Portugal (het)	Portugal	[portugal]
Roemenië (het)	Romania	[romania]

Rusland (het)	Rusia	[rusia]
Saoedi-Arabië (het)	Arab Saudi	[arab saudi]
Schotland (het)	Skotlandia	[skotlandia]
Senegal (het)	Senegal	[senegal]
Servië (het)	Serbia	[serbia]
Slovenië (het)	Slovenia	[slovenia]
Slowakije (het)	Slowakia	[slowakia]
Spanje (het)	Spanyol	[spanjol]

Suriname (het)	Suriname	[suriname]
Syrië (het)	Suriah	[suriah]
Tadzjikistan (het)	Tajikistan	[tadʒikistan]
Taiwan (het)	Taiwan	[tajwan]
Tanzania (het)	Tanzania	[tanzania]
Tasmanië (het)	Tasmania	[tasmania]
Thailand (het)	Thailand	[tajland]

Tsjechië (het)	Republik Ceko	[republi' tʃeko]
Tunesië (het)	Tunisia	[tunisia]
Turkije (het)	Turki	[turki]
Turkmenistan (het)	Turkmenistan	[turkmenistan]
Uruguay (het)	Uruguay	[uruguaj]
Vaticaanstad (de)	Vatikan	[vatikan]
Venezuela (het)	Venezuela	[venezuela]
Verenigde Arabische Emiraten	Uni Emirat Arab	[uni emirat arab]

Verenigde Staten van Amerika	Amerika Serikat	[amerika serikat]
Vietnam (het)	Vietnam	[vjetnam]
Wit-Rusland (het)	Belarusia	[belarusia]
Zanzibar (het)	Zanzibar	[zanzibar]
Zuid-Afrika (het)	Afrika Selatan	[afrika selatan]
Zuid-Korea (het)	Korea Selatan	[korea selatan]
Zweden (het)	Swedia	[swedia]
Zwitserland (het)	Swiss	[swiss]

www.ingramcontent.com/pod-product-compliance
Lightning Source LLC
Chambersburg PA
CBHW071502070426
42452CB00041B/2132

HINDI
WOORDENSCHAT

NEDERLANDS
HINDI

De meest bruikbare woorden
Om uw woordenschat uit te breiden en
uw taalvaardigheid aan te scherpen

3000 woorden

Thematische woordenschat Nederlands-Hindi - 3000 woorden

Door Andrey Taranov

Woordenlijsten van T&P Books zijn bedoeld om u woorden van een vreemde taal te helpen leren, onthouden, en bestudering. Dit woordenboek is ingedeeld in thema's en behandelt alle belangrijk terreinen van het dagelijkse leven, bedrijven, wetenschap, cultuur, etc.

Het proces van het leren van woorden met behulp van de op thema's gebaseerde aanpak van T&P Books biedt u de volgende voordelen:

- Correct gegroepeerde informatie is bepalend voor succes bij opeenvolgende stadia van het leren van woorden
- De beschikbaarheid van woorden die van dezelfde stam zijn maakt het mogelijk om woordgroepen te onthouden (in plaats van losse woorden)
- Kleine groepen van woorden faciliteren het proces van het aanmaken van associatieve verbindingen, die nodig zijn bij het consolideren van de woordenschat
- Het niveau van talenkennis kan worden ingeschat door het aantal geleerde woorden

T&P Books Publishing
www.tpbooks.com

ISBN: 978-1-78616-552-7

Dit boek is ook beschikbaar in e-boek formaat.
Gelieve www.tpbooks.com te bezoeken of de belangrijkste online boekwinkels.